Caminocation
Wie ich auf Umwegen mein Glück wiederfand

Dorina Vondersee

AF288381

Dorina Vondersee ist Geschichtenerzählerin mit einer Leidenschaft für interkulturellen Austausch. Sie wurde 1995 in Norddeutschland an der Ostsee geboren. Nach ihrem Master of Education in Englisch, Latein und DaF an der Christian-Albrechts-Universität zu Kiel unterrichtete sie als enthusiastische Lehrerin schon in Deutschland, England und Tschechien. Seit 2020 lebt sie mit ihrem Ehemann in Prag. Abseits ihrer Bildungstätigkeit ist Dorina eine begeisterte Leserin, Schriftstellerin und Yogaliebhaberin, die gerne reist. Einen ganz besonderen Platz in ihrem Herzen hält der Camino de Santiago.

Camino-cation

WIE ICH AUF UMWEGEN MEIN GLÜCK WIEDERFAND

Dorina
Vondersee

kopfreisen
VERLAG

IMPRESSUM

1. Auflage 2023 / Deutschland
© 2023 Kopfreisen Verlag
Sonnenstraße 116, 44139 Dortmund
www.kopfreisen-verlag.de

Autorin: Dorina Vondersee
Caminocation – Wie ich auf Umwegen mein Glück wiederfand

Lektorat: Romy Schneider
www.kopfreisen-lektorat.de

Umschlaggestaltung / Layout & Satz: Stefanie Scheurich
www.stefaniescheurich.de
Muschel: natkacheva on Freepik

ISBN: 978-3-910248-07-6

Dieses Buch ist auch als E-Book erhältlich
(ISBN: 978-3-910248-08-3).

Für meine geliebten Großeltern

Meine Jakobsmuschel an meinem Rucksack.

#ENOUGH

Nach einer wahren Begebenheit.
Die Namen der Personen wurden zum Schutz
ihrer Privatsphäre geändert.

Inhalt

ST JEAN PIED DE PORT

PAMPLONA

LOGROÑO

LEÓN

BURGOS

O CEBREIRO

ASTORGA

SANTIAGO

CAMINO FRANCES

Quelle: Caminoways.com

Gender-Disclaimer

Aus Gründen des besseren Leseflusses wird auf die gleichzeitige Verwendung der Sprachformen männlich, weiblich und divers (m/w/d) verzichtet. Sämtliche Personenbezeichnungen gelten gleichermaßen für alle Geschlechter.

Prolog

Meine neuen Wanderstiefel in Größe 41. Vorfreude an!

#SMILINGSHOES

»Das kommt überhaupt nicht in Frage. Auf gar keinen Fall gehst du zu Fuß als junges, hübsches Mädchen mutterseelenallein achthundert Kilometer quer durch Spanien!«

Mit diesen Worten reagierten meine Eltern, als ich ihnen das erste Mal von meiner Idee erzählte, den Jakobsweg zu gehen. Doch wenn ich mir etwas in den Kopf gesetzt hatte, dann ließ mich das einfach nicht mehr los. Und so war der Pilgerweg nach Santiago de Compostela bald mehr als nur eine Idee – er wurde mein Traum, meine Mission.

 11

Meine Katharsis.

Eine schon zwei Jahre andauernde Depression hielt mich damals fest umklammert und ich brauchte dringend den berüchtigten Tapetenwechsel. Ich musste mich endlich befreien und weiterkommen im Leben. Zwar quälte ich mich jeden Tag zur Uni und funktionierte die meiste Zeit mehr oder weniger, doch tief in mir war ich todunglücklich.

Das Verhalten meiner Familie und Freunde in jener Zeit schwankte zwischen mitleidig, verständnisvoll, besorgt und wütend. Ich wusste, dass sie mir helfen wollten und es doch nicht konnten. Denn ich fühlte mich trotz all der Liebe um mich herum allein und hasste mich dafür. Es gab zu viele Tage und Nächte, in denen ich nur verschwinden wollte. Nicht weglaufen, sondern aufhören zu existieren. Weil leben so unerträglich wehtat.

Und all das nur wegen einer verdammten Trennung. Ich war fast drei Jahre lang glücklich mit einem Mann zusammen gewesen, der am Ende mit einer anderen Frau verheiratet worden war. Das scheint im Westen der Welt des 21. Jahrhunderts absurd und unmöglich. Doch in Indien ist es noch immer Brauch, dass ab dem 25. Lebensjahr ein »Heiratswunsch« bzw. Heiratsangebot der Eltern ausgesprochen wird. Es gibt sogar Onlineplattformen, aus denen man sich geeignete Heiratskandidatinnen oder -kandidaten aussuchen kann. Als ich in die indische Studentenszene integriert

 12

wurde, erlebte ich solche gezwungenen Hochzeiten leider öfter. Dieser Albtraum wurde auch meine traurige Wirklichkeit, aus der ich nicht mehr herauskam. Denn ich hatte nie zuvor jemanden so sehr geliebt und gedacht, er würde ebenso für mich empfinden.

Sein Name ist Amit, wir haben uns an der Uni kennengelernt und es war Liebe auf den ersten Blick. Wir lebten und reisten zusammen durch Europa – wenn auch heimlich – und je mehr Zeit wir miteinander verbrachten, desto stärker wurde unsere Verbindung. Ich hätte alles für ihn getan, wäre sogar nach Indien gezogen, wenn er mich gefragt hätte. Natürlich hätte ich mich auch gegen meine Familie gestellt und erwartete das Gleiche von ihm.

OMNIA VINCIT AMOR – die Liebe besiegt alles.

Das war meine tiefste Überzeugung, für die ich unentwegt kämpfte, auch als der Kampf schon verloren war.

Er hatte seine arrangierte Verlobung vor mir geheim gehalten und als sie durch Zufall rauskam, jegliche Gefühle für seine Zukünftige geleugnet. Ich glaubte ihm, weil ich es wollte und die ganz große Liebe brauchte. Warum weiß ich nicht. Vielleicht brauchte ich jemanden, der mich liebte, weil ich es selbst nicht konnte. Doch letztendlich machte es mich krank. An einem grauen Tag im

Januar 2017 küssten wir uns zum letzten Mal an einer Bushaltestelle, bevor er nach Indien zu seiner Hochzeit aufbrach. Der Regen vermischte sich mit meinen Tränen. Ich starrte ihm hinterher und verstand die Welt nicht mehr. Warum passierten solche Ungerechtigkeiten? Warum ich? Warum er?

Und warum war es damit nicht vorbei? Warum rief er mich einen Tag nach den Feierlichkeiten an und machte alles nur noch schlimmer? Warum trafen wir uns danach noch als Freunde, die doch niemals Freunde sein konnten? Warum konnte ich nicht einfach aufhören, ihn zu sehen, um nicht mehr an die zerbrochene Liebe und den Kummer erinnert zu werden? Warum stritten wir uns dann immer noch? Warum tat er mir das an? Warum klammerte ich mich so sehr an den Schmerz? Ich hatte so viele Fragen und doch keine einzige Antwort.

Mein hartes Lateinstudium konnte mich davon nur bedingt ablenken und ich hatte das Gefühl, dass ich rausmusste aus der Stadt, die so voller Erinnerungen und Angst war. Zu pilgern schien ideal, um wortwörtlich wieder voranzukommen. Ich war noch nie zuvor allein gereist, doch ich glaubte an die heilende Kraft der Pilgerreisen und der Camino war meine letzte Hoffnung auf einen Ausweg. Mit diesem Argument und sehr viel Dickköpfigkeit setzte ich mich schließlich gegen den Widerstand meiner Eltern durch. Natürlich versprach ich, mich jeden Tag zu melden. Außerdem besaß ich den schwarzen Gürtel im Judo und eine Dose Pfefferspray.

Und so kam der Tag, an dem ich früh morgens aufstand, meinen Rucksack nahm und mit Justus durch das nächtliche Kiel zum Bus schlenderte, der uns zum Hamburger Flughafen bringen sollte. Justus war mein Mitbewohner im Studentenwohnheim und sehr guter Freund, der ganz und gar nicht zufällig zur gleichen Zeit den Camino ging. Ich hatte ihm vorher mehrmals klar machen müssen, dass ich alleine gehen wollte. Doch er ließ nicht locker. Ich wusste, dass er schon seit einiger Zeit in mich verliebt war. Und ich, ich fühlte einfach nichts. Stattdessen fragte ich mich, ob ich überhaupt jemals wieder Liebe für jemanden empfinden könnte.

Selbst als ich das Flugzeug bestieg, kam mir die gesamte Reise immer noch surreal und unwirklich vor. Dann hoben wir ab und ich ließ das graue Norddeutschland hinter mir. Ehrlich gesagt hatte ich keine Ahnung, was mich in den nächsten Wochen erwartete. Das war der beste Teil, denn ebendiese Ungewissheit versprach mir in meiner Situation Erleichterung. Es war der 27. August 2018.

1. Tag:

Urlaub in Toulouse

Die hübsche Basilika Saint-Sernin in Toulouse.
#COOLCALMCOLLECTED

Mein Abenteuer sollte mit einem Urlaubstag in Toulouse beginnen, damit ich ohne Stress in Südfrankreich an der Grenze zu Spanien ankommen konnte. Außerdem war es die nächstgelegenste Stadt zum Startpunkt des französischen Caminos, zu der es einen praktischen Direktflug von Hamburg gab.

Nach meiner Ankunft ging ich zuerst in die falsche Richtung, weil meine mobilen Internetdaten nicht funktionierten. Bevor mein Camino

 17

überhaupt losging, hatte ich mich also schon verlaufen. Dementsprechend erreichte ich meine Airbnb-Unterkunft erst gegen zweiundzwanzig Uhr. Mein Host Cedric war sehr freundlich und wir waren uns sofort sympathisch. Sein Englisch mit einem starken französischen Akzent war süß, er liebte das Reisen und sah gut aus. Ein waschechter Franzose wie aus dem Buch.

Obwohl ich einen langen, anstrengenden Tag hinter mir hatte, konnte ich bis Mitternacht nicht einschlafen. Es war für mich ungewohnt, ganz allein zu reisen und allein in einem fremden Bett zu schlafen. Ich war mir auch nicht sicher, ob ich alles dabeihatte oder was ich überhaupt brauchen würde, nur dass es ein großes Abenteuer werden würde, das spürte ich deutlich. Kleine Selbstzweifel meldeten trotzdem, wie unvorbereitet ich eigentlich war. Eine Mischung aus Naivität und Zeitmangel hatte bewirkt, dass ich ohne jegliche Wandererfahrung oder körperliches Training losgeflogen war. Natürlich fehlten in meiner Heimat auch die Berge dazu.

Cedric hatte in seinem Wohnzimmer ein Bild hängen, das er erst am Vortag selbst gemalt hatte. Darauf lief ein Mensch ins Licht und hinter ihm flatterte ein Schleier. Sofort fühlte ich mich diesem Gemälde verbunden, denn ein solches Erlebnis wollte ich.

Außerdem hatte ich mehrere Klebezettel mit

»ici et maintenant« (hier und jetzt) in Cedrics Wohnung entdeckt und nahm mir vor, diese Einstellung auf dem Weg zu praktizieren. Aus Neugier hatte ich Cedric auf die Notizen angesprochen.

»Ach, die nehme ich schon gar nicht mehr wahr. Sie sind noch von meiner Ex-Freundin«, sagte er.

Über sie zu reden, machte ihn sichtlich traurig. C'est la vie. Vielleicht hätte er die Post-its abnehmen sollen, doch alles hat seine Zeit.

Am nächsten Tag wollte ich eigentlich ausschlafen, um ganz fit zu sein, doch aus Gewohnheit wachte ich früh auf. Ich aß ein Croissant und wartete dann auf Luis, einem anderen der hundert Mitbewohner in meinem norddeutschen Wohnheim. Luis schwärmte ebenfalls für mich und reiste deswegen für einen Tagesauflug nach Toulouse. Doch auch für ihn fühlte ich nicht mehr als Freundschaft.

Toulouse gefiel mir auf den ersten Blick. Man nennt es die pinke Stadt, weil die Steine in den Wänden rosa erscheinen, wenn die Sonne an einem Sommertag untergeht. Zuerst schauten wir uns den prächtigen Palace du Capitole an und spazierten durch einen Park in der Nähe.

Ich genoss es, weil ich mit Luis ich selbst sein konnte. Auch in unserer Studentenstadt verbrachten wir sehr viel Zeit zusammen. Wir hatten viel gemeinsam und mochten uns grundsätzlich. Doch als er im Park plötzlich meine Hand nahm, nachdem sich unsere Hände beim Gehen ganz natürlich berührt hatten, empfand ich das als unangenehm und wehrte seine weiteren Versuche wie immer spielerisch ab. Er war so rücksichtsvoll, auf den nächsten Schritt von mir zu warten. Aber ich wollte das aus Tausend Gründen nicht, vor allem, weil ich seine Gefühle nicht erwiderte. Vielleicht wehrte sich mein Innerstes, wollte keine neuen Gefühle, keine neue Liebe zulassen. Denn ich hatte gelernt, dass Liebe Schmerz bedeutete.

Wir schlenderten weiter in die Kathedrale Saint-Etienne, die mir ziemlich baufällig vorkam. Die Basilika Saint-Sernin de Toulouse war dafür umso schöner und ich konnte in Ruhe beten. Zwischen den beiden Kirchen trafen wir überraschend Justus, begrüßten uns aber nur kurz. Die Welt ist ein Dorf.

Luis und ich gingen noch über die Pont Neuf, saßen an der Garonne und aßen eine leckere Pizza.

»Das sollten wir öfter machen!«, sagte er.

»Was? Pizza essen? Ich bin dabei«, sagte ich und grinste ihn an.

»Und reisen«, stellte er klar. »Leider erlauben mir meine Eltern eigentlich nicht zu fliegen. Sie haben irgendwelche irrationalen Ängste. Deswegen wissen sie auch nicht, dass ich hier bin.«

Erstaunt schaute ich ihn an. »Wirklich? Ich schätze es sehr, dass du trotzdem gekommen bist. Und, ich kenne deine Eltern nicht, nur in meiner

Familie ist es so, dass sie auch nicht alles mögen, was ich mache, aber ich informiere sie. Meist ist es dann doch in Ordnung, weil sie sehen, wie glücklich ich bin. Sowieso könnte ich so etwas nicht für mich behalten.« Hoffentlich passiert ihm nichts, dachte ich noch.

Abends wollte ich noch etwas Wegproviant einkaufen und Zeit für mich haben, auch wenn Luis das nicht verstehen wollte. Zum Abschied schenkte er mir zwei Rosen. Das war lieb von ihm, jedoch unpraktisch, auf meiner Reise zu transportieren, also zupfte ich nur ein Blatt ab, um es in mein Tagebuch zu kleben, und erfreute Cedric mit den Rosen. Sie passten gut in sein Wohnzimmer. Wir sollten mehr Rosen verschenken!

Nach dem Duschen unterhielt ich mich noch lange mit Cedric über das Leben, Reisen und Freiheit. Wäre ich nicht allein gereist, hätte ich mich wahrscheinlich nicht zu ihm gesetzt und folglich unser inspirierendes Gespräch verpasst.

»Weißt du«, sagte er, »es ist für mich am wichtigsten, mit sich selbst im Reinen zu leben, vor allem frei von emotionalen Abhängigkeiten zu sein.«

Das fand ich interessant und hakte direkt nach. »Aber sind es nicht gerade Emotionen, die unser Leben lebenswert machen?«

»Nein«, erwiderte er freundlich, aber bestimmt, »jede Art von Abhängigkeit ist schlecht.«

Das leuchtete ein. Nur fehlte mir meist genau jene Balance. »Und wie macht man das?«, fragte ich.

Auch darauf hatte er eine Antwort. »Manchmal machen wir es uns schwerer, als es ist. Wie ändert man die Welt? Fang bei dir an, geh einen Camino oder was auch immer du gerade brauchst. Dann wird deine Umgebung sich automatisch verändern.«

Ich fragte mich, ob es wirklich so einfach wäre. Es stimmte jedenfalls, dass ich nur mich ändern konnte. Vielleicht war das schon genug. Authentisch und ehrlich zu sein. Die Welt zu einem besseren Ort machen zu wollen, war der Grund, weshalb ich Lehrerin werden wollte. Und Freiheit fing meiner Meinung nach im Denken an. Daran musste ich bei mir noch arbeiten und verstehen, dass ich das Glück in meinem Leben selbst bestimmen konnte.

An diesem Abend lag ich wieder lange wach und fühlte eine Mischung aus Aufregung, Nervosität und Anspannung, als ich daran dachte, dass der Beginn meines Caminos immer näher rückte.

2. Tag:

Wallfahrtsort Lourdes

Die Rosenkranz-Basilika und
die drei Türme der Oberen Basilika in Lourdes.
#LETITGO

Als zeremoniellen Beginn meiner Pilgerreise hatte ich einen Zwischenstopp in Lourdes gewählt. Mein Tag dort war eine der besten Erfahrungen auf meinem ganzen Weg. Dieses Ziel war nicht mehr als Urlaub gedacht, sondern ich wollte unbedingt zur katholischen Marienwallfahrtsstätte, die Grotte von Massabielle, wo Maria erschienen sein soll. Für mich stand mein ganzer Weg im Zeichen meines Glaubens und dieser heilige Ort sollte mir die Kraft geben, dass ich meinen Pilgerweg schaffte.

Auf der zweistündigen Zugfahrt von Toulouse nach Lourdes tauchten plötzlich für mich ganz unerwartet die Pyrenäen im Hintergrund der Landschaft auf. Da ich im flachen Norddeutschland lebte, erschienen mir die ungewohnten Bergzüge noch größer und imposanter. Dort sollte ich bald raufwandern. Neugierig beobachtete ich auch das Wetter, der Himmel war bedeckt und die Wolken hingen tief über den steilen Berghängen. Die Szenerie passte zu meiner nachdenklichen Stimmung, denn ich hatte angefangen, alte Nachrichten auf meinem Handy zu lesen und einzeln zu löschen. Das Löschen war wie eine schmerzhafte Erinnerungsschlacht und gleichzeitige Aufarbeitung. Ich wusste, dass meine Vergangenheit immer ein Teil von mir sein würde. Sie definierte bewusst und unbewusst mein Verhalten, mein Selbstwertgefühl und meine Wahrnehmung der Welt um mich herum. Es war mir deswegen wichtig, diese negativen Erinnerungen zu akzeptieren und im Löschprozess loszulassen, sodass sie ihre Macht über mich verloren.

Um halb elf vormittags kam ich in Lourdes an. Meine Airbnb-Unterkunft war das Gegenteil von Cedrics Wohnung: leider etwas vermüllt und heruntergekommen. Will, mein Host, ein gesprächiger Mann mit afrikanischem Familienhintergrund, machte das durch seine Herzlichkeit wieder wett. Aber eine Nacht reichte mir dort auf jeden Fall. Mein Zimmer teilte ich mit einer Frau, die entweder schlief oder schwieg. Das irritierte mich anfangs etwas, allerdings war ich auch nicht gekommen, um Freunde zu finden oder in Luxusunterkünften zu wohnen.

Am Nachmittag zog ich los, um die heiligen Stätten zu erkunden, ein riesiges Gelände, das sich über zweiundfünfzig Hektar erstreckt. Will hatte schon recht damit, dass der Wallfahrtsort zuerst an Disneyland erinnert: zu viele Souvenirshops, Restaurants, Hotels – zu viel Kitsch. Das war dann aber im sogenannten »Heiligen Bezirk« vorbei.

Mein erstes Herzensanliegen war es, zur Beichte zu gehen. Schon als ich dort auf dem Gang saß, um mich vorzubereiten, kamen mir die Tränen. Ich dachte, dass das Erinnern nach der langen Zeit doch eigentlich nicht mehr so schlimm sein sollte. Doch meine Gefühle und meine Geschichte in Gottes Hand zu legen, fiel mir trotzdem schwer. Dann war ich an der Reihe. Mein Beicht-Pater saß mir mit seinem leichten Buckel gegenüber, während seine runzligen Hände ruhig auf dem Tisch zwischen uns gefaltet waren. Er sprach ziemlich langsam auf Deutsch und ermunterte mich, mir Zeit zu lassen und alles rauszulassen. Ich weinte vom ersten Satz an. Bald noch heftiger. Ganz ehrlich formulierte ich, was in meinem Inneren so wehtat. Der Pater schaute mich ruhig an und hörte geduldig zu, ohne mich zu unterbrechen.

Das Besprochene in der Beichte soll geheim bleiben. Außerdem wusste ich bereits direkt danach nicht mehr, was genau ich gesagt hatte. Doch ganz ohne Rat verließ ich das Zimmer nicht: Ich hatte verstanden, dass der Heilungsprozess auch ein Weg war. Ein Weg, den ich gehen musste, anstatt in meinem Kummer sitzen zu bleiben. Der Pater schlug vor, dass ich meine Geschichte aufschrieb, egal wie weh es tat, und dann wortwörtlich an Gott abgeben könnte. Er sprach mich von meinen Sünden los und segnete mich auf meinem Weg. Danach war ich erschöpft, überwältigt und tausendfach erleichtert. Es war schwer, das Gefühl überhaupt in Worte zu fassen. Ein Teil davon war ein sehr tiefer Frieden. Ich spürte, dass das der Neustart war, den mein innerer Kompass zum Kalibrieren gebraucht hatte.

Erst nach einer längeren Atempause erkundete ich den Rest der Wallfahrtsanlage. Es gab eine Rosenkranzbasilika, eine Krypta und die Basilika der unbefleckten Empfängnis. Alles war schön an einem Berg gelegen und so weitläufig, dass sich die 25.000 täglichen Besucher gut verteilten. Es herrschte eine einzigartige und ergreifende Atmosphäre. So viele verschiedene Menschen, die alle an einem einzigen Ort durch ihren Glauben verbunden waren.

Ich berührte gemäß der Tradition die Felswand der heiligen Grotte und natürlich trank ich auch das heilige Wasser und wusch mein Gesicht damit. Es soll besonders rein und reinigend sein. Ein weiterer toller Moment war der Gottesdienst unter freiem Himmel am späten Nachmittag. Ich schaute von einer Terrasse aus zu und wieder kamen mir die Tränen.

Sowieso bin ich ein emotionaler Mensch und hatte an diesem Nachmittag schon stundenlang geweint, sodass ich mir am Abend ein reichhaltiges Abendessen gönnte. Das gab mir wieder Kraft. Auf die Rückseite der Papier-Tischunterlage schrieb ich eine Kurzform meiner tragischen Liebesgeschichte und faltete sie zu einem Papierboot. Wenn die Zeit reif war, würde ich es verbrennen.

Um einundzwanzig Uhr fand auf dem Gelände der Wallfahrtsstätte eine Kerzenprozession statt. Noch nie hatte ich eine so lange Prozession gesehen, so viele Menschen, die daran teilnahmen. Ich kaufte mir ebenfalls eine Kerze und reihte mich mit ein. Wir zogen über den langen Vorplatz bis zur Christus-Statue am anderen Ende, die wir umrundeten, und schließlich die Serpentinen hinauf zur Basilika. Auch wenn ich vieles nicht verstand, weil alles mehrsprachig war, tat es gut, das Salve Regina so feierlich zu singen und dabei meine Kerze hochzuhalten. Ich betete das Ave-Maria als Einzige in Hörweite auf Deutsch, so wie jede und jeder immer wieder in ihrer und seiner eigenen Sprache. Die Geräuschkulisse, die sich dadurch ergab, war einfach unbeschreiblich.

Etwas unheimlich war der Rückweg im Dunkeln zu meiner Unterkunft, aber ein Hoch auf Google Maps, das mich ohne Umwege zurückbrachte. Vor dem Schlafengehen wollte ich noch duschen, allerdings gab es nur eiskaltes Wasser, weil irgendetwas kaputt war. Das war die kälteste Dusche, die ich je hatte, und ich hoffte, dass ich da nicht zu oft durchmusste.

Was für ein Tag. Bereits vor dem offiziellen Start des Weges an der französischen Grenze hatte ich viel erlebt und diese Lourdes-Erfahrung reichte, dass es mir besser ging als in den vergangenen drei Jahren zusammen. Ich fühlte mich wie eine richtige Pilgerin, war freudig gespannt, was noch auf mich wartete, und unendlich dankbar, diese Pilgererfahrung machen zu können. Vor allem aber auch dafür, alleine unterwegs zu sein. Gott war sowieso bei mir. Überall, wo ich hinging, war er schon da.

3. Tag:

Der Atlantik und meine Haare

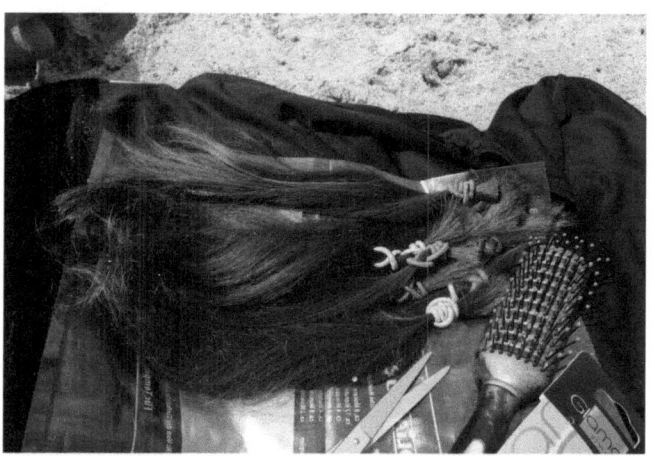

Das waren meine Haare (ca. 30 cm).
#SHARINGTHEJOY

Am nächsten Morgen verließ ich Wills Wohnung so früh ich konnte. In Zukunft würde ich überall nur eine Nacht verbringen. Das war eine ganz neue Erfahrung. Heute hier, morgen dort. Eineinhalb Stunden fuhr ich vormittags mit dem Zug von Lourdes nach Bayonne. Nichtsdestotrotz sah ich nicht viel von Bayonne, denn ich wollte zum ersten Mal in meinem Leben den Atlantik sehen.

Dafür wanderte ich ungefähr sieben Kilometer in Richtung Meer und verlief mich erneut. Ich fragte mich, wie ich die nächsten Hunderte Kilometer mit meinem problematischen Orientierungssinn schaffen sollte. Als ich jedoch endlich ankam, war ich überglücklich: Der Anblick war fantastisch, man wusste nicht, wo das Meer aufhörte und der Himmel anfing. So endlos sah beides aus. Gleichzeitig tobten die Wellen so kraftvoll, tosend und wild.

Doch ich war nicht einfach nur so zum Meer gelaufen, ich hatte eine Mission. Schon seit Längerem hatte ich mir vorgenommen, dass es Zeit für eine optische Veränderung war. Ich wollte meine langen, gewellten Haare kurz schneiden. Der Strand dort war der perfekte Ort dafür. Ich brauchte auch äußerlich einen Neuanfang. Es war mein Leben und ich war nicht mehr die, die ich im Spiegel sah. Niemand wusste von meinem Plan, nicht einmal meine Mutter, der ich sonst alles erzähle.

Ich teilte meine Haare ab, band sie in mehreren Zöpfen zusammen und begann, sie auf der Höhe meines Kinns abzuschneiden. Die Menschen am Strand schauten oder starrten mich mehr oder weniger unverhohlen an, während ich ruhig zurücklächelte. Es war mir vollkommen egal, was die anderen dachten, denn ich tat das nur für mich. Im Nacken war das Schneiden etwas schwierig, aber kein Friseur der Welt hätte mir dieses Freiheitsgefühl geben können. Ich liebte meinen neuen Haarschnitt. Danach ging ich baden, lief und tanzte auf der Mole, betete und wollte die ganze Welt umarmen. Mein Dopamin rauschte so wild wie der Atlantik.

Die abgeschnittenen Zöpfchen hatte ich in einen vorbereiteten Umschlag gepackt und auf dem Rückweg fand ich auch ein Postamt. Meine Haare verschickte ich an eine Organisation in Wien, die Kinderperücken herstellt. Das war ebenfalls ein tolles Gefühl, denn ich hing an meinen Haaren und so gab ich ihnen weiterhin einen Sinn.

Das Foto mit meinem neuen Ich löste bei meinen Lieben eine Welle der Begeisterung aus. Auch wenn das eine riesige Überraschung war, waren sich alle einig, dass die neue Frisur meinen lebhaften Charakter sehr gut unterstrich. Das größte Kompliment bekam ich wohl von meiner besten Freundin Lilli: »Du siehst so französisch aus.«

Doch mein Weg fing erst an. Zurück in Bayonne aß ich etwas am Bahnhof, und während ich auf meinen Zug zur Weiterfahrt nach Saint-Jean-Pied-de-Port, dem Startpunkt des Camino Frances, wartete, traf ich andere liebe Pilgerinnen aus Deutschland: Annika, eine überzeugte Veganerin, Andrea, die als Sozialarbeiterin arbeitete, und Christin, eine Medizinstudentin. Besonders mit ihr verstand ich mich auf Anhieb, denn wir waren uns sehr ähnlich: Wir waren gleich alt, studierten beide ziemlich viel, lasen gerne und machten Kampfsport. Christin hatte ebenfalls drei Geschwister und reiste zum ersten Mal alleine. Und wir wollten beide den Camino gehen. So verging die eineinhalbstündige Zugfahrt durch angeregte Gespräche auch wie im Flug.

Folglich ergab es sich, dass ich mit Christin durch Saint-Jean-Pied-de-Port lief, um zusammen ein Zimmer für die Nacht zu suchen. Die kleine Stadt besitzt mit ihren kopfsteingepflasterten Straßen und der mittelalterlichen Stadtmauer ein historisches Flair. Jenseits der Stadtmauer bilden die Pyrenäen eine beeindruckende Kulisse und man hat eine schöne Aussicht auf die umliegenden Berge und Täler. Natürlich trafen wir auf den Straßen viele Pilger und Pilgerinnen, die man eindeutig an ihrer Funktionskleidung, ihren Wanderschuhen und manchmal auch noch an ihren Rucksäcken und ihrer Kopfbedeckung erkennen konnte.

Die meisten Herbergen waren leider schon belegt, da es fast neunzehn Uhr war. Endlich fanden wir eine Unterkunft, die von einer Zen-Oma mit vielen Hunden und Katzen und noch mehr Regeln (no shoes – keine Schuhe, sogar unsere Flipflops mussten wir abgeben) geführt wurde. Von außen eher unscheinbar, innen urig: dunkle, massive Möbel, schwere Perserteppiche, viele dekorative Statuen und überall Kerzen. Insgesamt war der Stil ein bisschen altmodisch und zwanzig Euro pro Person in einem Dreibettzimmer beim Pilgern ein hoher Preis. Ich hoffte, dass das Preisniveau sich noch normalisierte.

Nachdem Nicole aus Polen noch in unser Zimmer eingezogen war, gingen wir Pizza essen, und das tat unglaublich gut, weil ich am Ende dieses ereignisreichen Tages doch ziemlich hungrig war. Später schlief ich mit dem sicheren Gefühl ein, dass ich vollkommen bereit war für meinen Camino. Nach so vielen schlaflosen Nächten war das eine enorme Erleichterung und fühlte sich an wie ein Segen.

Doch vor seinen Träumen kann man nicht weglaufen. Die Konfrontation mit meinen Gefühlen, die ich lieber hinter Schloss und Riegel gebracht hatte, hatte offensichtlich alte Tore zu Erinnerungen geöffnet. Mit einem Mal war ich wieder in einem großen Saal in unserer Universität, der mit Hunderten Menschen in bunten Kleidern gefüllt war. Es war Diwali, das indische Lichterfest. Die riesige indische Studentengemeinschaft hatte ein wunderbares Fest organisiert und ich war stolz, ein Teil des Insider-Teams zu sein. Nach einem leckeren Buffet und einer kleinen Show konnten wir als Organisatoren mitfeiern. Ich verließ als eine der Letzten den Abstellraum hinter den Kulissen und stürzte mich ebenfalls euphorisch in die Tanzmenge. Es war heiß, laut und voll. Zum Glück fand ich bald meine Freundesgruppe inmitten der vibrierenden Masse. Indische Musik war einfach anders als die europäische und ich freute mich, um mich herum meine indischen Freunde ausgelassen tanzen zu sehen, so als wären sie zu Hause und nicht im fernen Deutschland. Ich signalisierte Amit mit den Daumen nach oben, dass alles großartig lief. Sein Lachen war unbeschwerter als sonst und er winkte mich zu sich. Ich verstand nicht, was er mir sagen wollte, weil Shah Rukh Khan so leidenschaftlich aus den Lautsprecherboxen irgendetwas über Liebe sang. Folglich zog Amit mich noch näher zu sich, legte seine Lippen an mein Ohr und sagte: »Danke! Für alles! Du bist die Beste, Dory!«

Ein flüchtiger, verstohlener Kuss. Ich konnte nicht lange überrascht sein, denn schon ertönte ein neues Bollywood-Lied und ich erkannte es sofort als einen unserer Lieblingssongs. Ein Jubeln erhob sich über der Menge und ich wurde in einen wilden Tanz hineingezogen. Die Schritte waren leicht und ich wirbelte Runde um Runde freudig mit, sodass ich das Gefühl hatte, dazuzugehören.

Als ich mitten in der Nacht aus dem Traum erwachte, war ich noch ein paar Herzschläge so glücklich wie damals, dann zersprang die Illusion und ich blieb verwirrt und regungslos liegen. Am nächsten Morgen kontrollierte ich mein Handy, ob Amit vielleicht wieder geschrieben hatte. *Ich kann es kaum erwarten, mit dir allein zu sein. Dann bekommst du einen richtigen Kuss!* Wie an jenem Abend, als er eine kurze Tanzpause eingelegt hatte. Doch das Display blieb schwarz.

 34

4. Tag:

Von Saint-Jean-Pied-de-Port nach Roncesvalles (25 km)

Ich irgendwo in den Pyrenäen.
#THESKYISNTTHELIMIT

Bereits nach zwei Stunden auf dem Camino wusste ich sicher: Das war die beste Entscheidung in meinem Leben, diesen Weg zu gehen. Christine und ich starteten wie geplant am ersten September 2018 gegen sieben Uhr morgens und schauten beim Pilgerbüro vorbei, wo wir eine liebevolle Einweisung auf Englisch bekamen und uns jeweils eine Jakobsmuschel aussuchten. Ich entschied mich für eine rötliche, weil Rot meine Lieblingsfarbe ist und diese Muschel anders aussah als die anderen.

So konnte uns jeder als Pilgerinnen erkennen und wir standen symbolisch unter dem Schutz des Patronen Jakobus. Ansonsten braucht man noch einen Pilgerausweis (auf Spanisch »credencial de peregrino«), den ich jedoch schon im Voraus beantragt und zugeschickt bekommen hatte. Damit wird man offiziell als Pilgerin bzw. Pilger anerkannt.

Die ersten fünf Kilometer waren noch in Ordnung, dann begann der Aufstieg. Zum Glück war es sehr nebelig, sodass man nicht sehen konnte, wie weit man hinaufgehen musste. Durch diesen Nebel hatte ich einerseits das Hochgefühl, in den Wolken zu gehen, andererseits war es interessant, wortwörtlich ins Unbekannte zu wandern. Hinzu kam eine zu hohe Luftfeuchtigkeit – gepaart mit Schweiß –, sodass wir nach kurzer Zeit ziemlich nass waren.

Am Anfang redeten Christin und ich noch viel und die Gesellschaft war wirklich angenehm, doch nach und nach wurden die Gespräche weniger. Wir mussten unsere Puste sparen. Besonders nach dem Ort Huntto empfand ich den Aufstieg auf einer Asphaltpiste als körperlich zu anstrengend, da wusste ich noch nicht, dass hinter Orisson ein noch steilerer Feldweg auf mich wartete. Ich fing an zu zweifeln, wie ich so überhaupt auch nur einen weiteren Tag gehen sollte, geschweige denn die ganzen achthundert Kilometer. Insgesamt überwanden wir mehr als 1.200 Höhenmeter an diesem Tag!

Mittags verzog sich der Nebel langsam und die Sonne kam raus, sodass wir auch die atemberaubende Landschaft rundherum genießen konnten. Es war so unglaublich grün, grün, grün und überall sahen wir Kühe, Pferde und Schafe. Am meisten beeindruckten mich jedoch die gigantischen Bergzüge. Oben auf den Bergkämmen, die wir entlangwanderten, hatten wir eine wundervolle Aussicht und gleichzeitig fühlte ich mich ausgesprochen geborgen.

Nachdem ich meinen Rhythmus gefunden hatte und stundenlang gewandert war, spielten Zeit, Strecke und Gedanken keine Rolle mehr. Die einzigartige Atmosphäre auf dem Camino gefiel mir von Anfang an. Beim Überholen wünschte man sich immer zumindest »Buen Camino« (also einen »guten Weg«), mit einigen Pilgern redete man auch mehr.

Als es jedoch wieder abwärts ging, nahmen wir aus Versehen den linken, steilen Weg, anstatt der gemäßigten Variante auf der rechten Seite der Wegkreuzung zu folgen – und das war schmerzhaft. Die letzten fünf Kilometer zogen sich deshalb noch unangenehmer in die Länge. Zwischendurch war es zudem sehr steinig und ich bekam Angst, mir meine Beine zu brechen. Zumal diese sich wie aus Pudding anfühlten und mich kaum noch tragen konnten.

Gott sei Dank kamen wir – wenn auch total kaputt – um fünfzehn Uhr in dem Riesenkloster Roncesvalles an. Die Organisation dort war einwandfrei und wir waren die Letzten, die noch einen Platz für die Nacht bekamen. Allerdings war es auch beunruhigend, denn ich hätte es nicht weiter geschafft, hätten wir keinen mehr bekommen.

Erleichtert nahm ich meinen Rucksack ab, mein Rücken war es überhaupt nicht gewohnt, den ganzen Tag zehn Kilo rumzuschleppen. Schon beim Packen hatte ich mich gefragt, was man wirklich bräuchte und ob weniger mehr wäre. Für mich absolut notwendig war: Funktionskleidung (Wandersocken, zwei Ersatz-T-Shirts), ein Minischlafsack, ein Regenponcho, ein aufblasbares Kopfkissen, ein Mikrofaserhandtuch, eine Waschtasche, eine Notapotheke (besonders kühlendes Eis-Gel und Hirschtalg, Blasenpflaster, Taschentücher, Magnesium), ein Reiseführer, Geld und Ausweis sowie mein Pilgerpass, ein Tagebuch, eine kleine Bibel, Lateinbücher, mein Nemo-Kuscheltier und ein Schutzengelanhänger, den mein Vater mir geschenkt hatte. Natürlich waren gute Wanderschuhe ebenso essenziell wie mein Sonnenhut, den meine Mutter selbst genäht hatte. Damit kam ich insgesamt gut hin.

Den späten Nachmittag verbrachten Christin und ich mit Duschen und Entspannen bei Yoga und

Chorkonzert. Irgendwann wurden wir immer hungriger, mussten aber bis 20:30 Uhr warten, weil nicht alle Pilger auf einmal essen konnten. Schließlich aßen wir mit zwei anderen jungen Frauen das Pilgermenü, das mich auf dem Camino von dort an ständig begleitete.

Das Abendessen war unterhaltsam, der Wein trocken und stark. Nicole war sogar so mutig, unseren Nachbartisch nach deren Flasche zu fragen, als unsere leer war. Netterweise bekamen wir sie. Dazu sogar noch eine halbe Flasche von den anderen Nachbarn. Pilger untereinander helfen sich eben. Später schlief ich okay, nicht gut, aber okay. Vielleicht war mein Körper zu sehr mit seinen Reparaturen beschäftigt, um sich tiefenentspannt ausruhen zu können.

5. Tag:

Von Roncesvalles nach Zabaldica
(38,4 km)

Waldweg auf dem Weg nach Zabaldica.
#FORESTBATHING

Man brauchte morgens grundsätzlich keinen We-
cker, weil immer spätestens um halb sieben Un-
ruhe in den Schlafsälen aufkam. Erstaunlich fit
erwachte ich an meinem zweiten Wandertag und
aß nur ein kleines Frühstück (ich vermisste Nutella!). Wieder gegen sieben Uhr marschierten
Christin und ich gut gelaunt los. Der Weg führte
durch heimelige Wälder und kleine Dörfer und
bald trafen wir auch schon unsere bekannten jungen Frauen vom Abendessen wieder, also gingen

wir zusammen. Das war herrlich. Als die Sonne etwas später aufging, tauchte sie alles in magisches goldenes Licht.

Bis zum Mittag wanderte ich in der gleichen Gruppe, doch ich wollte schneller und weiter gehen. Jeder hatte ein eigenes Ziel auf dem Weg und ein eigenes Tempo, mit dem er dieses Ziel erreichen wollte. Also trennten wir uns schweren Herzens. Einerseits würde ich die Gesellschaft vermissen, andererseits fühlte ich mich noch freier danach. So war ich auch offener für neue Begegnungen.

Im Laufe des Tages waren immer weniger Pilger und Pilgerinnen unterwegs und meine Beine wurden schwerer und schwerer. Letztendlich riss ich achtunddreißig Kilometer an dem Tag, glücklicherweise war der Großteil der Strecke flach oder leicht abschüssig. Nur einen letzten Aufstieg zur kirchlichen Herberge Zabaldica musste ich überwinden und der war besonders hart. Doch es lohnte sich, auch wenn es etwas holprig begann.

Kurz nach meiner Ankunft gab es ein wenig Aufregung um eine tot aufgefundene Bettwanze, allerdings musste ich zuerst meine armen Füße verarzten, sodass es mich kaum beunruhigte. Bettwanzen sind der größte Feind der Pilgernden und ich fürchtete mich davor, bin aber glücklicherweise auf meiner gesamten Reise davon verschont geblieben. Doch die Geschichten über zerbissene Beine, befallene Schlafsäcke und infizierte Rucksäcke reichten als abschreckende Warnungen. Grundsätzlich galt die Regel, das Gepäck niemals auf das Bett zu stellen, damit eventuelle krabbelnde blinde Passagiere nicht direkt hineinkriechen konnten. Allerdings sieht man die Wanzen meist nicht mit bloßem Auge und dazu sind sie vor allem nachtaktiv, deswegen blieben sie für mich nur eine unsichtbare Angst.

Nachdem die »Bedbug«-Situation geklärt war (weitere Wanzen wurden nicht gefunden), ging ich barfuß mit meiner Kleidung aus schnelltrocknendem Sportmaterial auf die Rückseite der Herberge, wo es eine Waschstelle gab. Dort lernte ich Julia aus Österreich kennen, die ihre Sachen aufhängte, während ich meine mit der Hand wusch. Sie ging den Camino, weil sie mutig ihren Job gekündigt hatte und Zeit für sich brauchte.

Nach mir stieß noch ein gutaussehender junger Mann zu uns, der eine angenehme Stimme hatte: »O nein, wie kann ich hier meine Wäsche waschen?«, fragte er auf Englisch. Sein Akzent war eindeutig osteuropäisch und weil er wirklich überfordert war mit der Handwäsche, half ich ihm gern. Sein Name war Ladi und ich fand ihn auf Anhieb sympathisch. Daher setzte ich mich später beim Abendessen auch neben ihn.

»Was machst du, wenn du nicht Hunderte Kilometer durch Nordspanien wanderst?«, fragte ich ihn neugierig.

»Ich studiere Weinkultur und Weinbau«, antwortete er mit einem Lächeln.

Ich lächelte zurück. »Oh, ich studiere auch Wein«, sagte ich und deutete auf die Flasche des beliebten Vino Tinto, die wir uns teilten. Tatsächlich meinte er es jedoch ernst, dass er Weinanbau studiere, weil es sein Traum sei, eines Tages seinen eigenen Wein herzustellen. Wie inspirierend!

An meiner anderen Seite saß Raphael aus der Schweiz, der den Camino schon zum achten Mal ging. Trotzdem wurde es ihm nicht langweilig, weil es jedes Mal anders war. Später widmete er seine Aufmerksamkeit jedoch mehr Julia auf der anderen Seite neben ihm. Mir gegenüber unterhielt Theis aus den Niederlanden unsere ganze Gruppe, ein extrovertierter und sprachgewandter Typ. Er war schon im Ruhestand und wanderte gerne, hatte früher in der Schifffahrt gearbeitet. Vor seinem siebzigsten Geburtstag im folgenden Jahr wollte er sich selbst beweisen, dass er den Camino de Santiago gehen konnte.

Betty aus Neuseeland, die neben Theis saß, war schon älter als siebzig und wollte Gott einfach Danke für ein wundervolles Leben sagen, bevor es vorbei war. Jeder war auf seine Weise mutig und alle Geschichten waren berührend. Ich fühlte, dass niemand den langen Weg zum Spaß ging.

»Und du? Warum bist du hier?«, wollte ich von Ladi wissen.

 43

»Ich wollte mich selbst herausfordern und interessante Menschen kennenlernen«, antwortete er.

»Herzlichen Glückwunsch, du hast mit mir schon einen kennengelernt. Viel Glück noch!«, sagte ich und lachte. Als er darauf nichts zu erwidern wusste, nahm ich das als Bestätigung.

Ich genoss das Essen in dieser Runde sehr, doch der Höhepunkt kam erst noch: Wir trafen uns auf der Empore der Kapelle zu einem spirituellen Austausch. In jeweils unseren Muttersprachen lasen wir reihum die Bibelstelle vor, in der die Jünger nach Emmaus gingen und ihnen Jesus begegnete. Danach konnten wir auf Englisch freiwillig über unsere Motive sprechen und über unsere Erfahrungen auf dem Weg.

Erst hörte ich nur zu, es war sehr emotional. Und dann teilte ich als Letzte ganz offen die Kurzfassung: »Ich war in einer Beziehung mit einem Inder, der von seinen Eltern mit einer Inderin verheiratet wurde. Mein Herz war so sehr gebrochen, dass ich zwei Jahre zutiefst depressiv war. Ich musste einfach raus, weil ich zu Hause feststeckte und fast aufgegeben hätte.« Schockierte Stille. »Aber hey, mir geht es ehrlich schon nach diesen zwei Tagen viel besser und der Weg spricht zu mir. Ich weiß, dass ich hier richtig bin.« Ich lächelte in die Runde und viele lächelten zurück. Wir wurden gesegnet.

Beim Hinausgehen sprach mich die alte Nonne,

die unser Treffen geleitet hatte, in gebrochenem Englisch an und legte sogar einen Arm um mich: »Buen Camino, besonders für dich, Schwester. Wir alle kennen diesen Schmerz, aber deine Augen strahlen. Gott ist mit dir.«

Mir kamen vor Rührung die Tränen. Ich drückte überwältigt ihre Hände und bedankte mich von Herzen.

Bevor ich in mein Bett kletterte, sprach mich Theis noch auf meine Geschichte an: »Ach, du bist noch so jung. Die ganz große Liebe kommt noch. Versprochen!«

Ein Spruch, der einem nicht wirklich hilft, aber ältere Menschen sind einfach durch ihre Lebenserfahrung so viel weiser und viel gelassener. Mit ganz neuer Kraft nach diesem Tag schlief ich friedlich und befreit ein. Amit war zwar immer noch in meinen Gedanken, aber es war nicht mehr so fürchterlich schwer und erdrückend.

6. Tag:

Von Zabaldica nach Muruzabal (27,5 km)

> „Glück, das ist einfach eine gute Gesundheit und ein
> schlechtes Gedächtnis" – Ernest Hemingway
> #HemingWAY

Am nächsten Tag wachte ich schon mit Schmerzen auf und so sollte es auch weitergehen. Ladi
hatte mich bereits gewarnt, dass der dritte Wandertag medizinisch gesehen kritisch werden könnte.
Nach einem kleinen Frühstück ging ich trotzdem
wieder gegen sieben Uhr los, genoss das erste
Licht und wurde mit weiten Panorama-Ausblicken
belohnt. Dadurch, dass ich alleine unterwegs war,
verlief ich mich schon wieder. Erst zweimal vor

und dann zweimal hinter Pamplona. Nach bloß einem Kilometer konnte ich schon nicht mehr.

Den Vormittag verbrachte ich in Pamplona, streunte durch die Gassen, besuchte die Kathedrale, kaufte ein. Es war eine schöne Stadt, bunt, alt. Die historische Altstadt wirkte auf mich wie ein Labyrinth aus Kopfsteinpflastergassen. Die Atmosphäre war freundlich und ich sah viele junge Leute, wahrscheinlich Studierende. Leider war die Stierkampfarena planmäßig an Montagen geschlossen, obwohl das vielleicht besser so war, weil ich ein rotes T-Shirt anhatte. Ich machte davor ein Selfie mit der Hemingway-Statue und las in meinem Stadtführer, dass Pamplona wohl von Pompeius als römische Provinz gegründet worden war. Es freute mich immer, auf Reisen etwas zu entdecken, das ich aus meinem Lateinstudium kannte, denn dadurch bestätigte sich für mich die Bedeutsamkeit des Faches.

Der Camino führte noch ein ganzes Stück weiter durch die Stadt und Vorstadt. In den Ausläufern traf ich zufällig Ladi wieder, der in einem der vielen Parks Postkarten schrieb. Ich setzte mich kurz zu ihm, wir redeten und machten ein Selfie. »Man sieht sich bestimmt noch mal auf dem Weg«, sagte ich zum Abschied, ohne dass wir unsere Handynummern austauschten.

Nach Pamplona brannten meine Fußsohlen so unerträglich, dass ich das Gefühl hatte, auf Kohlen

 47

zu laufen. Ich fing an, gegen den Schmerz zu summen. Besonders das emotionale »Con te partiro« auf Endlosschleife blieb in meinem Kopf stecken. Ich wünschte mir in dem Moment, ich könnte einfach ohne Füße weitergehen oder mich hinsetzen. Jeder Schritt trieb mir Tränen in die Augen und ich fing an zu humpeln. Die Selbstgespräche in meinem Kopf wurden immer negativer: »Es ist unerträglich. Meine Füße können nicht mehr. Was soll ich tun? Ich fühle mich so hilflos und bin so enttäuscht. Ich hatte mich doch so auf diesen Weg gefreut – warum müssen ausgerechnet mir meine Füße so weh tun? Es ist unfair, dass ich niemals glücklich sein kann.«

Doch als mein Retter kam Raphael vorbei, der mich durch ein Gespräch mit sich zog. Eigentlich ging er viel schneller als ich, aber die Ablenkung half so gut, dass ich irgendwie mithalten konnte. Wir gingen zusammen bis nach Zariquiegui, wo wir uns mit einem großen Bier belohnten. Das tat gut und weckte meine Lebensgeister.

Es wurde noch besser, als Justus und Julia auf der Straße entlangkamen und sich natürlich zu uns setzten.

»Mensch, die Welt ist so klein. Schön, dich wiederzusehen, Julia«, sagte Raphael und schaute ganz verwundert, als ich Justus zur Begrüßung umarmte. »Ihr kennt euch auch?«, fragte er.

Ich stellte ihm Justus vor und wir stießen alle auf den Jakobsweg an.

 48

»Perfektes Timing«, sagte jemand von der Straße her, und als ich aufschaute, sah ich Ladi mit seinem Rucksack auf uns zukommen. Er setzte sich ebenfalls zu uns und es war eine wundervolle Runde unter Freunden, die durch den Camino zusammengewürfelt worden waren.

Trotzdem wollte ich schon bald wieder los, um mein Tagesziel zu erreichen. Ich hatte Glück und Energie getankt und hoffte, dass ich noch alleine weitergehen konnte. Zum Abschied sagte ich leichtsinnig zu Ladi: »Wow, wir haben uns jetzt schon drei Mal unabsichtlich getroffen und ich glaube nicht an Zufälle. Wenn drei Mal Fügung ist, was ist es dann, wenn wir uns ein viertes Mal treffen?«

»Na, dann sollten wir heiraten.« Er grinste und zwinkerte mir zu. Justus hingegen protestierte: »Das ist dann doch etwas schnell.« Der Arme! Ich freute mich, auch wenn ich noch den ganzen Nachmittag über Ladis Worte nachdachte.

Ich lief alleine weiter, zog mich noch eine steile Piste rauf und stellte wieder einmal fest, wie unrealistisch meine Einschätzungen von Zeit und Strecke waren. Auf der Bergkuppe des Alto del Perdon stand eine Gruppe Metallskulpturen, die wohl Pilger darstellen sollte. Beeindruckender war jedoch der fantastische Ausblick über die umliegende Landschaft mit auffallend vielen Windrädern. Doch lange hielt ich mich nicht auf. Weiter, weiter, weiter. Ich schaffte es bis nach Muruzabal in eine gemütliche Herberge. Mittlerweile humpelte ich wie meine achtzigjährige Oma.

Doch ich wollte unbedingt noch meine große Schwester Elena treffen. Sie machte gerade mit ihrem Freund einen Roadtrip durch Nordspanien, also hatten wir uns vor der Herberge verabredet. Ich freute mich sehr, sie wiederzusehen, denn die vergangenen Tage auf dem Camino hatten mir viele neue Eindrücke beschert und ihre vertraute Ruhe gab mir auch ein bisschen Zuversicht zurück. Nach einer längeren Erzählrunde fuhren wir zur romanischen Kirche Santa Maria de Eunate in der Nähe. Sie war etwas kleiner als erwartet, doch unglaublich friedlich. Wir machten Fotos, tauschten Süßigkeiten gegen überschüssiges Gepäck und umarmten uns ganz fest. Ich war sehr bewegt von all der Liebe.

Meine Familie war immer der wichtigste Teil meines Lebens und natürlich vermisste ich alle ganz schrecklich. Mit meiner Schwester kam ich wunderbar klar, nachdem ich unseren Konkurrenzkampf in der Kindheit gewonnen – ich meine überwunden – hatte. Wir waren schon immer sehr verschieden, besonders im Charakter: sie introvertiert, ich extrovertiert. Doch trotzdem fühle ich mich wirklich eng mit ihr verbunden, vielleicht weil sie mich schon mein ganzes Leben kennt und mich immer bedingungslos unterstützt hat. Leider sehen wir uns nicht mehr so oft, seitdem wir beide ausgezogen sind. Aber Familie bleibt Familie.

Nach dem Schwesterntreffen und der großen Wiedersehensfreude war ich abends sehr müde und zog mich früh zurück. Ausruhen ist nicht Nichtstun, sondern Regeneration.

7. Tag:

Von Muruzabal nach Ayegui (27,4 km)

Ein herrlicher Ausblick über die Navarra-Landschaft.
#PRETTYHIGH

Der Camino ist wahrlich kein Spaziergang und ich litt besonders in der ersten Woche. Trotzdem ging es immer weiter. Dabei war der Weg durch die Region Navarra wunderschön, wenn auch jeden Tag anders. An jenem Tag durchquerte ich grüne Weinberge, die imposante Brücke Puente La Reina aus dem Mittelalter und viele alte Städte. Teilweise führt der Weg sogar auf der originalen Römerstraße entlang. Zwischendurch traf ich immer wieder neue Menschen, die mich aufmunterten und mir neue Energie gaben.

Faszinierend war die Hippie-Zone mitten im Nirgendwo. Ich war schon den ganzen Vormittag marschiert, als ich auf diese gemütliche und kraftspendende Oase traf. Dort gab es ein reichhaltiges Büffet mit Obst, Käse, Brot, Desserts und Keksen sowie Wasser, Saft und Kaffee. Im Hintergrund lief Loungemusik und auf den Sitzkissen, die überall verteilt waren, entspannten einige dankbare Pilgernde. Doch ein paar Stunden später musste ich wieder gequält langsamer gehen, was die Schmerzen allerdings noch schlimmer machte. Eine Belgierin meinte beim langsamen Überholen zuversichtlich, dass wir auf dem Weg lernten, im Leben durchzuhalten. »Hoffentlich!«, brachte ich mit zusammengebissenen Zähnen hervor.

Nachdem ich in Ayegui angekommen war und in eine große Unterkunft eingecheckt hatte, rief noch mein alter Schulfreund Vince an, um sich zu vergewissern, dass ich noch auf dem Weg war. Aufgrund seiner Bundeswehrgrundausbildung hatte er für eine solche Wanderung viele Tipps. Beispielsweise könne man sich Vaseline zwischen die Zehen und an die Hacken schmieren, um Blasen zu vermeiden. Ebenso würden nasse Socken oder zwei Paar übereinander helfen. Und nicht vergessen: »Aufgeben kannste bei der Post.«

Auf dem Camino muss jeder für sich allein gehen und seine eigenen Probleme bekämpfen. Ich erkannte, dass auch im Leben niemand anderes meine Probleme lösen konnte, nur ich. Die Verantwortung für mein Leben lag allein bei mir. Am meisten halfen mir viel Essen, Wein und die Hoffnung, dass es am nächsten Tag besser werden würde. Mit diesem Trost legte ich mich wieder zeitig zwischen den anderen Pilgern schlafen.

8. Tag:

Von Ayegui nach Torres del Rio (26,9 km)

Der Weinbrunnen Fuente del Vino
in der Nähe von Estella.
#CHEERS

Am darauffolgenden Tag ging es mir schon deutlich besser und ich war sehr dankbar, dass ich es deswegen schnell nach Torres del Rio schaffte. Es sollte ein kurzer Tag werden, weshalb ich früh losging und auf dem Weg viel positive Motivation fand. Zum Beispiel als ich am Ortsausgang von Ayegui schnell zwei Croissants kaufte und dort den lieben Holländer Theis wiedertraf. Er war neunundsechzig Jahre alt und setzte seinen Weg trotz gebrochenem Zeh fort. Was für ein starkes Vorbild!

Schon um halb acht morgens trank ich ein bisschen Wein, denn es gibt doch tatsächlich einen Weinbrunnen auf dem Camino. Dort können Pilger und Pilgerinnen kostenlos Wein aus einem Zapfhahn direkt in ihre Trinkflasche füllen. Dieser Rotwein wird von den umliegenden Weinbergen gespendet und variiert je nach Jahreszeit. An jenem Morgen war der Wein fruchtig und enthielt interessante Holznoten vom Fass. Nach ein paar Schlucken füllte ich meine Flasche pflichtbewusst mit dem Wasser aus dem Hahn daneben, damit ich die Tageswanderung schaffte.

Der Weinbrunnen war eine besondere Erfahrung für mich und ich empfand ihn als eine wunderbare Geste der Gastfreundschaft gegenüber den Pilgern – vielleicht lief es auch dadurch umso besser für mich. Ansonsten gab es kaum Städte auf jenem Stück des Weges, nur schöne, hügelige Felder, und das Beste war, dass die Schotterpiste insgesamt leicht bergab ging. Ich konzentrierte mich auf meinen Atem. Das war wirklich sehr meditativ.

In einer Pause saß ich mit Sarah, einer echt coolen Amerikanerin, auf einer Bank und wir unterhielten uns für eine Weile. Ich schätzte sie auf ungefähr siebzig Jahre, denn sie erzählte, dass sie schon in Rente sei. Trotzdem trug sie ein neonpinkes, enges T-Shirt mit der Aufschrift »No pain, no gain«. Sie meinte aber auch, man müsse unbedingt auf seinen Körper hören. Doch das sei manchmal gar nicht so einfach, wenn der Kopf mehr machen will.

Das Endstück ging ich schließlich mit David aus Israel. Es war interessant, mit ihm zu reden, denn seine Kindheit war so ganz anders als meine und das Heilige Land stand auch noch auf meiner Reiseliste. Er legte ein gutes Tempo vor. Etwas unheimlich wurde es allerdings, als er vorschlug, dass wir uns zusammen ein privates Zimmer teilen könnten. Nein danke!

Stattdessen checkte ich schon um halb zwei an meinem Tagesziel in der Casa Mariela ein. Wahrscheinlich gewöhnte sich mein Körper langsam an das tägliche Wandern. Nur schade, dass derweilen keine kirchliche Unterkunft angeboten wurde. Dafür hatte ich dort auch Zugang zum Pool eines Hotels die Straße herunter. Das nutzte ich selbstredend. Er war zwar klein und kalt, doch die unverhoffte Erfrischung tat meinem Körper gut.

Apropos Körper: Ich litt zu der Zeit rechts unter einem Klumpfuß, links war mein kleiner Zeh noch entzündet und meine Finger waren angeschwollen. Vielleicht eine Reaktion auf mögliche Bettwanzen oder ich vertrug den Farbstoff in dem isotonischen Getränk nicht, das ich hier öfter trank. Mein Po war auch schon kleiner geworden. Ich weiß nicht mehr, was mir davon am meisten leidtat.

Nach dem Schwimmen wollte ich mich ein bisschen ausruhen, in der letzten Nacht hatte ich wenig geschlafen, weil es so heiß gewesen war. Mein Bett war das obere eines Etagenbetts und wackelte, aber zumindest hatte das gemischte Zehnbettzimmer einen kleinen Balkon. Als es dann auch noch anfing, in Strömen zu regnen, fühlte ich mich umso dankbarer, dass ich es rechtzeitig in die Herberge geschafft hatte.

Während ich von meinem Bett aus in den Vorhang aus Regen starrte, erinnerten meine schmerzenden Füße mich daran, wie ich in einem Urlaub mit Freunden in Nizza in einen Seeigel getreten war. Wir hatten die größten Stachel schon am Strand mit bloßen Händen aus meiner blutenden Fußsohle gezogen. Dann hatte ich im Badezimmer unserer Unterkunft versucht, den Rest mit einer Pinzette zu operieren. Amit war mit zwei Tequila-Shots dazugekommen, nachdem er die Tür von innen verriegelt und mir mit einem verschwörerischen Lächeln einen Shot entgegengehalten hatte. Doch seine Augen blieben traurig, als er in mein verweintes Gesicht schaute. Er nahm mich fest in den Arm, strich über meine Haare und flüsterte: »Alles wird gut. Ich bin bei dir.«

Ich riss mich von der Erinnerung los. Und wenn ich durch hundert Seeigel gehen müsste, um zu vergessen, würde ich es tun. Stattdessen machte ich mich auf dem Weg zum Abendessen. Mit Theis,

 58

einem Franzosen und einer Südafrikanerin gönnte ich mir das Pilgermenü. Es war eine witzige und unterhaltsame Zeit, sodass ich schnell wieder in der Gegenwart ankam. Ein wirklich guter Tag. Gracias, Gott!

9. Tag:

Von Torres del Rio nach Navarrete (34,1 km)

La Rioja – Weinanbaugebiet.
#GOODWINESONLY

Alle standen an jenem Morgen schon um viertel vor sechs auf und ich zog natürlich mit. Es gab leider keine Frühstücksgelegenheit. Das Härteste war jedoch, dass es um halb sieben draußen noch dunkel, besser gesagt, wirklich stockfinster war. Ich nahm mir direkt vor, zukünftig erst um sieben loszugehen. Es wurde zwar schnell hell und ich hatte eine Taschenlampe (dem Handy sei Dank), aber das war doch unnötig, wie ich fand.

Hinzu kam, dass es wenig Städte auf dieser Etappe

 60

gab, sodass ich lange zweieinhalb Stunden ohne Essen und Trinken durchhalten musste. Dabei ging es häufig Berge rauf und runter, was schon am Morgen ermüdend war. In Viana aß ich demzufolge vier Donuts, ein Stückchen Kuchen und trank Limo, bis mein Zuckerspiegel unangenehm hochschoss.

Nachdem ich auf einem geteerten Weg durch eine wunderschöne Landschaft weitergegangen war, ließ ich die Provinz Navarra hinter mir und kam nach Rioja, einem unter anderem sehr wichtigen Weinanbaugebiet. Höchst beschaulich war das Stück des Weges entlang des Ebro, des längsten Flusses Spaniens. Ich ging durch grüne Ebenen, bis ich schließlich den weiten und reißenden Strom überquerte. Von dort führte eine Straße weiter nach Logrono, wo ich gegen zwölf Uhr Pause machte. Ich hatte überhaupt nicht erwartet, dass die Stadt so riesig ist. Aber für Sightseeing fehlte mir die Kraft. Fast wäre ich sogar dortgeblieben, so erschöpft fühlte ich mich schon, doch dafür war es noch zu früh am Tag.

Die folgenden zwölf Kilometer nach Navarrete waren eine echte Qual. Nicht einmal der Stausee Pantano de la Grajero konnte mich aufheitern. Ich ging vorwiegend allein, traf nur ein freundliches Paar aus New Jersey. Mein Gesicht verkrampfte sich vor Schmerz. Von Zeit zu Zeit heulte ich auf. Ich schwor mir, in den kommenden Tagen nur so weit zu gehen, wie ich wirklich konnte.

In der Albergue Municipal war ich in einem Zwölferzimmer die einzige Frau. Trotzdem fühlte ich mich sicher, denn es war eine kirchliche Herberge. Aber meiner Familie schrieb ich das lieber nicht. Die sichere Atmosphäre war schwer zu verstehen, wenn man nicht selbst den Camino erlebte.

Ein essenzieller Trick in einer solchen Situation ist, als Erste einzuschlafen, um das Schnarchen der anderen nicht zu hören. Bevor ich jedoch einschlief, wurde mir einerseits bewusst, dass ich die meiste Zeit nicht träumte, weil ich so erschöpft war. Andererseits vermisste ich die Liebe. Ich dachte manchmal aus Gewohnheit immer noch an Amit und das tat immer noch weh. Zu lieben und geliebt zu werden, sollte das größte Glück auf Erden sein.

Ich spürte, dass ich Vertrauen und Nähe wollte, doch so einfach funktionierte das nach meiner letzten schmerzlichen Enttäuschung nicht. Manchmal spielte das Leben eben nicht so romantisch wie in Büchern. Egal, wie sehr ich mir das wünschte. Ich hatte bis zum Ende und weiter gekämpft und dadurch wirklich alles verloren. Und wenn ich überhaupt jemals wieder einen Menschen in mein Herz lassen könnte, wann und wie würde ich es merken? Immerhin hatte ich mich zwei Jahre verkrochen, um nicht wieder so verletzt zu werden.

10. Tag:

Von Navarrete nach Cirueña (31,9 km)

Der internationale Pilgergruß „Buen Camino" und
die Jakobsmuschel als Graffiti.
#YOUNEVERWALK

Ungeachtet der Zweifel am Abend, schlief ich tief
und fest. Von Justus hatte ich gehört, dass er auf
dem Weg oft von Kindheitserinnerungen träumte.
Und Luis ließ mich wissen, dass er von mir
träumte. Ich schob am Morgen all diese Gedanken beiseite und lief eine gute Vormittagsetappe.
Gegebenenfalls ging jeder zweite Tag besser oder
die Hirschtalgcreme wirkte endlich.

Auf jeden Fall dachte ich über meine Texte nach,

 63

die ich schon auf Poetry-Slams vorgetragen hatte, und wer ich sein wollte. Neben meinem Lateinstudium wollte ich schon immer ein Buch schreiben. Das wurde mir bereits klar, als meine Leseleidenschaft am Ende der Grundschulzeit entfesselt wurde. In meiner Schublade lagen mehrere Ideen, Texte, manchmal nur Gedanken oder Stücke davon. Aber Menschen durch geschriebene Worte zu berühren, war seit jeher mein absoluter, wenn auch geheimer Traum.

Mit Nachdenken verging die Zeit schneller, zumal ich an diesem Tag von den acht Stunden (32 km) Wanderung erneut die meiste Zeit alleine war. Die letzten Kilometer waren dennoch wieder sehr anstrengend. Dann stoppte ich in Cirueña in der Herberge Victoria mit nur Vierbettzimmern. Sehr gemütlich!

Über mir schlief Vida aus Litauen. Wir verstanden uns von Anfang an und deswegen würden wir auch am nächsten Tag zusammen gehen. Jener Tag war erst ihr zweiter Tag, da sie später auf dem Weg eingestiegen war. Außerdem war sie Tänzerin und das sah man ihrer grazilen Figur an. Doch am auffälligsten war ihre hellbraune Lockenmähne.

Wir setzten uns auf die Terrasse der Unterkunft und unterhielten uns angeregt. Sie studierte Kunst im Master mit dem Schwerpunkt Lighting Design. Das war das erste Mal, dass ich davon hörte.

»Was lernt man dort?«, fragte ich.

Sie lachte, wahrscheinlich hatte sie die Frage schon hundertmal beantwortet: »Das ist ein sehr diverser Studiengang – von Ästhetik über Technik bis hin zu sozialen Fragen wie Lichtinstallationen als Botschaft und Energiesparen. Manchmal philosophieren wir sogar, denn was wäre die Welt ohne Licht. Denk doch nur an die Sonne oder den Mond.«

Das gefiel mir. »Wie erleuchtend! Gefällt es dir?«

»Absolut, man lernt dabei so viel fürs Leben. Und was ist mit dir? Sag mal was auf Latein.«

Ich verdrehte die Augen. »Veni, vidi, vici. Ich kam, sah und siegte.«

»Das könnte dein Camino-Motto sein!«

Wir lachten beide.

»Lateinlernen ist wirklich auch fürs Leben«, ergänzte ich. »Immerhin ist Latein die Königin und Quelle aller modernen romanischen Sprachen und deswegen lange nicht tot. Es hat mich schon immer fasziniert, Originaltexte wie zum Beispiel Liebesgedichte zu lesen. Das ist wie Zeitreisen und letztendlich erkennt man, dass das Menschsein sich in zweitausend Jahren wenig verändert hat.«

»Faszinierend! Und dann willst du unterrichten?«

»Genau, ich wollte schon immer Lehrerin werden und mit Englisch ergänzt sich das ganz gut.«

»Nice, ich bin mir sicher, dass du das rocken wirst. Hoffentlich wirst du nur liebe Kinder haben.« Sie lachte.

 65

»Ach, danke, das hoffe ich auch!«

In den anderen zwei Betten schlief ein älteres Paar, das erst seit zwei Jahren zusammen war. Eine erfüllende Liebesgeschichte, denn beide hatten schon ihre eigene Lebensgeschichte, bevor sie sich kennenlernten. Sie erinnerten mich daran, dass es nie zu spät ist, die ganz große Liebe zu finden.

Justus schrieb mir am Abend: *Na, wie geht's dir, Superpilgerin? Ich werde noch zwei Tage laufen und dann einen Tag Pause machen. Übertreib es nicht ;)*

Eine Pause würde ich auch gerne machen, aber dann würde alles zu knapp werden. Ehrlich gesagt war meine Planung schon von Anfang an sehr ambitioniert gewesen und das verursachte mir oft zusätzlichen Stress. Ich überlegte, was das für mein Leben bedeutete, wahrscheinlich war ich der Überzeugung, dass ich durch Stress mehr erreichen konnte. Ich werde zum Beispiel nie das Gefühl vergessen, wie ich nach einer besonders schweren, aber bestandenen Lateinklausur dachte, dass ich wirklich alles schaffen kann, wenn ich es will und dementsprechend hart dafür arbeite. Vieles ist nicht einfach, aber es ist genauso nicht unmöglich. Wie unerreichbar es zwischenzeitlich auch erscheinen mag. Doch vielleicht sollte ich zwischendurch mehr an meiner Balance arbeiten. Eben Pausen einlegen.

 66

11. Tag:

Von Cirueña nach Tosantos (34,3 km)

Eine Marienprozession mit den Dorfbewohnern
von Tosantos.
#TOUCHING

Ein weiterer Lieblingstag! Nach einem sehr guten Frühstück mit Vida gingen wir um halb acht los und sie hatte wirklich ein zügiges Tempo drauf. Wir genossen unsere Gesellschaft trotzdem sehr und es entstand eine ganz besondere Verbindung, durch die wir über wirklich alles reden konnten. Obwohl wir uns erst einen Tag kannten, vertrauten wir einander Dinge an, die nur meine engsten Freunde über mich wussten.

Vida fragte mich zum Beispiel, was der glücklichste Moment in meinem Leben gewesen sei. Ich musste lange überlegen, weil es vor dem Camino zu viele unglückliche gegeben hatte.

Schließlich antwortete ich: »Im Moment bin ich ziemlich glücklich. Und wie ist das bei dir?«

Lächelnd erzählte Vida: »Meine glücklichsten Momente sind immer, wenn ich tanze. Es ist einfach wunderbar befreiend. Ich spüre, wie meine Seele bei jedem Schritt mitschwingt und sich mit der Weltenenergie verbindet.«

»Was meinst du mit Weltenenergie?«, wollte ich wissen. Das hatte ich noch nie gehört.

»Hast du dich jemals mit der Natur tief verbunden gefühlt?«, fing sie an zu erklären. »Es ist eine universelle Energie, die alles durchdringt – nicht nur uns Menschen, sondern auch Tiere, Pflanzen und Elemente. Sie beeinflusst unser Wohlbefinden und unsere Gesundheit.«

Das kannte ich. »Aha! Ich fühle mich oft viel besser, wenn ich Zeit draußen verbringe. Und die Beziehung zu den Tieren ist sowieso etwas Besonderes. Am liebsten würde ich jede der streunenden Katzen hier mitnehmen!«, gestand ich lachend.

Sie strahlte mich an. Das war ihre große Leidenschaft. »Und deswegen erinnert unsere Seelenenergie auch an ein Seelentier. Alles ist eins. Hast du schon dein Seelentier gefunden?«

»Keine Ahnung, ich denke, ich suche es noch.

 68

Aber ich lasse mich gerne inspirieren!«, sagte ich enthusiastisch.

»Also ich fühle mich wie ein Delfin«, meinte sie ohne Zögern. »Ihre Eleganz und Art, wie sie freudig aus dem Wasser springen, sieht aus wie ein Tanz.«

»Und Delfine sind neugierig. Ich habe gehört, sie sind auch sehr gesellig und intelligent. Das passt zu dir«, bemerkte ich und fügte hinzu: »Aber ich schwimme nicht gern.«

Vida beruhigte mich: »Keine Sorge, du wirst dein Seelentier schon finden, wenn du deiner Intuition vertraust. Oder vielmehr wird es dich finden und dir Kraft zur Selbstentfaltung geben.«

Der Tag flog nur so dahin, während wir überwiegend an Straßen entlang mehrere Orte durchwanderten. Die Mittagspause mit dunkler Schokolade, Bananen und Datteln war definitiv auch ein Höhepunkt. Und dann ging es noch weiter, bis wir die nächste Provinz Kastilien betraten. In Beldorado dachten wir, dass wir es noch bis zum nächsten Dorf in fünf Kilometern schaffen würden. Doch gerade als wir ein wunderschönes Tal passierten, zogen tiefschwarze Gewitterwolken auf und am Horizont blitzte es bedrohlich. Unsere Füße taten bereits weh, doch wir beeilten uns so sehr es ging, denn die Naturgewalt ängstigte uns. Die letzten hundert Meter liefen wir in den ersten schweren Regentropfen zur rettenden Herberge in Tosantos. Wir waren zwar am Ende unserer Kräfte, doch dankbar für das Wunder, es gerade so eben in Sicherheit geschafft zu haben.

Justus fragte mich etwas später per SMS: *Bist du in diesem Schietwetter noch draußen?! Ich werde gerade richtig nass :(Der Regen sieht nach Weltuntergang aus. Pass gut auf dich auf!*

Das tat mir richtig leid für ihn.

Der Hospitalero in der kirchlichen Unterkunft war sehr freundlich und engagiert. Wir setzten uns etwas zur Ruhe, duschten und inzwischen stoppte auch der Sturzregen.

Da an dem Tag auch ein Feiertag war (Maria Geburt), fand um achtzehn Uhr eine Marienprozession mit traditionellem Tanz statt. Dazu trugen die Dorfbewohner ihre besten Kleider, während sie eine Marienstatue auf einem steilen Schlängelpfad in eine Höhlenkapelle brachten. Die Anbetung der Gläubigen berührte mich emotional sehr.

Im Anschluss aßen wir mit allen Herbergsgästen einen leckeren Linseneintopf und nach dem Abendessen gab es noch eine wundervolle Gebetsrunde und den Abwasch. Wir waren nur acht Pilgernde und die Unterkunft hatte einen mittelalterlichen Charme. Wir schliefen zusammen auf dem Dachboden mit Matratzen auf dem Holzboden – so einfach, so schön. Eigentlich braucht man doch so wenig.

Vida und ich redeten vor dem Schlafen noch

lange im Gemeinschaftsraum. Von draußen hörte man Feiermusik und fast wären wir auch raus zu der Party gegangen. Nur aus Neugierde und Lebensfreude, doch die Müdigkeit nach einem so aufregenden Tag siegte.

12. Tag:

Von Tosantos nach Cardañuela Riopico (32,4 km)

Vidas und mein Schatten auf dem Weg.
#CAMINOSISTER

Am nächsten Morgen gingen Vida und ich pünktlich und vor allem motiviert los. Bei einem Guten-Morgen-Tanz genossen wir den Sonnenaufgang inmitten von Sonnenblumenfeldern, die in oranges Licht getaucht wurden, und stürzten uns wieder auf die nächsten Berge, genauer gesagt die Montes de Oca (auf Deutsch: Gänseberge). Dann trafen wir Steffie aus Deutschland, mit der Vida ein Stückchen vorauslief, was mir durchaus willkommen war. Auch wenn ich mich wirklich gerne unterhielt,

 72

blieb mir alleine mehr Raum für meine Gedanken. Außerdem konnte ich einfach nicht mehr so schnell, denn meine linke Achillessehne war mittlerweile so sehr angeschwollen, dass ich meinen Knöchel nicht mehr sehen konnte. Vom Hinken bekam ich dann auch noch eine leichte Oberschenkelzerrung.

Trotzdem kam ich gut voran. In der Mittagspause am Kloster in Ortega entschloss ich mich sogar, mit Vida noch ein Stück weiter als geplant zu gehen. Das war Ausdruck der Freiheit auf dem Camino: Man konnte so weit gehen, wie man wollte. Meistens wusste ich morgens nicht, wo ich am Abend meinen Tag beenden würde. Nur an diesem hätten wir nicht weitergehen sollen. Schmerzen! Die letzten ein oder zwei Stunden waren wirklich übel.

Dafür wurden wir jedoch in der Albergue Via Minera sehr belohnt: Vida und ich bekamen ein Viererzimmer für uns alleine. Sogar mit privatem Bad. Vida tanzte vor Freude. Das waren die kleinen Schätze auf dem Weg, die im Alltag zu Hause so trivial erscheinen. Und davon hatte ich auf meinem Weg viele. Ich lebte wirklich bewusster und entdeckte den Wert der kleinen Dinge. Dankbarkeit für etwas zu spüren, das normalerweise selbstverständlich ist, ist ein unbeschreiblich schönes und erfüllendes Gefühl. Ein Melonen-Bananen-Smoothie war dann beispielsweise die Inkarnation von einem schönen Leben. Alles hängt von der Perspektive ab.

Genauso freuten wir uns über das reichliche Abendessen, Frühstück und den Pool (alles nur für 19,99 Euro pro Person). Durch den Kontrast zur vorigen Unterkunft waren wir noch glücklicher. Ich telefonierte mit meiner ganzen Familie und schrieb mit einigen Freunden, um sie an meinem Glück teilhaben zu lassen.

Danach legte ich mich ins Bett neben Vida.

»Wie schön, dass sie dich alle so anfeuern«, bemerkte sie.

»Ja, viele Grüße unbekannterweise. Kann ich fragen, was du da machst?« Sie lag mit geschlossenen Augen auf dem Rücken und ließ einen Stein über ihren Bauch rollen.

»Oh, das ist ein Heilmineral. Ich tanke Energie.«

Damit konnte ich wenig anfangen, aber auf dem Camino wird nicht geurteilt.

»Und wie fühlt sich das an?«, wollte ich wissen.

»Schwer zu beschreiben, wie Licht von innen. Wärme. So als wenn sich dort, wo das Mineral mich berührt, alles in kleinen Lichtwirbeln in Glitzer auflöst. Ich weiß, das hört sich verrückt an, aber es funktioniert wirklich!«

»Dir glaube ich alles, Vida«, sagte ich. Sie war besonders und das war fantastisch, dachte ich, während sie fortfuhr:

»Manchmal träume ich davon, selbst zu Licht

 74

zu werden. So ohne menschliche Figur, sondern schwerelos und frei. Aber sag es niemandem.«

Ich schaute sie nachdenklich an und versuchte, mir auszumalen, wie sich Licht anfühlt. »Wenn ich die Wahl hätte, würde ich zu Wasser werden«, gab ich zu. »Stell dir vor, so ein wilder Wasserfall!« Ich ließ mich vom Bett fallen. Erst jetzt öffnete Vida kichernd ihre Augen.

»Und das ist der Grund, warum du keine Energiesteine brauchst!«

So plätscherte ein entspannter Abend vor uns hin, den wir uns nach der Anstrengung redlich verdient hatten. Pausen sind so wichtig!

13. Tag:

Von Cardañuela Riopico nach Tardajos (24,4 km)

Ich vor der gotischen Kathedrale in Burgos.
#WONDERFUL

Noch ein wunderbarer Tag. Vida und ich standen etwas später auf, weil wir uns ausruhen wollten, aßen ein enormes Frühstück am Buffet, um schließlich gegen acht Uhr förmlich loszufliegen. Innerhalb von zwei Stunden erreichten wir über die langen Industriegebiete Villafrias die Ausläufer von Burgos. Die Innenstadt kam mir nach der langen Strecke, die hauptsächlich durch Natur führte, zuerst seltsam vor. Oder war ich das? Es war trotzdem eine angenehme Abwechslung, wieder in einer Großstadt mit vielen Gebäuden und Menschen zu sein. Außerdem besitzt Burgos eine imposante Kathedrale aus dem 13.-15. Jahrhundert, die von außen durch kleine Türme und Verzierungen sowie innen mit einem Sterngewölbe bestückt ist. Wirklich wunderschön.

Vida litt leider unter so starken Fußschmerzen, dass sie in Burgos blieb. Das war schade, weil ich mich so an unsere Gemeinschaft gewöhnt hatte. Doch erstens hoffte ich, dass wir uns wiedersahen (bei ihrem schnellen Tempo), zweitens musste sie auf ihren Körper hören und drittens war der Weg für uns einzeln auch sehr wichtig. Wir teilten einen dankbaren Abschied mit langer Umarmung.

Ich wollte noch weiter und schaffte es dank des ebenen Terrains nach Tardajos (11 km weiter). Dort fand ich eine gemütliche öffentliche Herberge auf Spendenbasis mit einem ausgesprochen freundlichen Hospitalero. Es gab Zweibettzimmer und ich kam gut mit meiner Mitbewohnerin Mailey aus Frankreich klar. Wir verwöhnten uns mit Paella, Melonen und Jägermeister. Dann entspannten wir uns, indem wir uns auf die Liegestühle im Hinterhof legten. Endlich hatte ich das Gefühl, dass mein Körper die Wanderstrapazen überwunden hatte.

Auf dem Camino hatte ich einen inspirierenden Spruch gelesen, der übersetzt Folgendes bedeutet:

Lass deine Füße laufen,

lass deinen Körper sprechen,

 77

lass deinen Geist denken,

lass dein Herz fühlen!

Eine passende Erinnerung für ein bewusstes Leben.

Später ging ich mit Mailey noch etwas trinken. Sie wanderte schon zum dritten Mal auf dem Camino und träumte von ihrem eigenen Bauernhof mit Käseherstellung. Ich erzählte ihr meine gescheiterte Liebesgeschichte und dabei fiel mir auf, dass ich schon viel distanzierter damit umging. Der Nachgeschmack von bitterer Enttäuschung blieb, aber ich war nicht mehr verzweifelt und lebensmüde. Dafür hatte ich fast so lange gelitten und getrauert, wie wir zusammen gewesen waren. Ich wollte diese Lebenskrise überwinden, mich um mich selbst kümmern und eventuell eines Tages ganz vorsichtig anfangen, eine andere Person zu lieben.

14. Tag:

Von Tardajos nach Castrojeriz (30,3 km)

Nebel am Morgen bei Tardajos.
#MYSTERIOUSMORNING

Nach einem Kekse- und Marmeladenbrotfrühstück wanderte ich von viertel nach sieben bis halb zwölf ohne Pause. Den ganzen Morgen war es so faszinierend nebelig, dass mir die Atmosphäre geradezu mystisch vorkam. Die Felder links und rechts von der Straße, auf der ich ging, konnte ich nur erahnen, denn meine Sicht war bis auf wenige Meter eingeschränkt. Alles um mich herum verschwamm in einer Nebelwelt. Nur mühsam kam die Sonne später durch die Nebelschwaden. Ich

 79

war alleine unterwegs, es war sehr still und ich genoss das vollkommen.

Dann führte der Weg circa zwanzig Kilometer durch eine weite Ebene, alles geradeaus, kaum Schatten. Auf ein Straßenschild hatte jemand mit Edding geschrieben: »The only way is through.« Das brachte mich zum Lächeln und ich denke noch immer oft an diesen Hinweis. Es war wieder eine wichtige Lektion für das Leben. Meine Gedanken schweiften hier- und dorthin. Und wie ich so mit meinen Gedanken ging, betete und mit Gott sprach, kam mir eine wichtige Erleuchtung. Sie gab dem ganzen Drama zu guter Letzt Sinn: Dieses schlimme Kapitel in meinem Leben hatte dafür gesorgt, dass ich überhaupt den Jakobsweg ging. Der Herzschmerz war der Grund für dieses gewagte Abenteuer. Sonst hätte ich den September zu Hause verbracht, vielleicht Freunde getroffen und normal weitergelitten.

Ich empfand sogar ein kleines bisschen Dankbarkeit. Zumindest dafür, dass ich eine schwere Bürde hinter mir lassen konnte. Jeden Tag hatte ich nach dem quälenden Warum gefragt und oft hatte mich das nicht nur traurig, sondern auch wütend und verbittert gemacht. Die ganze Welt war mir ungerecht und gemein vorgekommen. Ich hatte mich wie ein hilfloses Opfer gefühlt. Der Jakobsweg war nun die Reise zurück zu mir selbst, die ich brauchte, um Dory wiederzufinden.

So wie Vida gesagt hatte: »Schwierige Zeiten bringen dich zurück auf deinen Weg, denn sie zeigen dir, dass du vorher irgendwo falsch abgebogen bist.«

Schon gegen vierzehn Uhr erreichte ich erfüllt mein Tagesziel Castrojeriz. Leider war die eine Municipal-Herberge dauerhaft geschlossen und die andere schon voll. Aber ich suchte weiter und fand das Casa Nostra für nur sechs Euro fünfzig in einer gemütlichen Villa mit kleinem Balkon, Küche und sogar etwas Privatsphäre. Also duschen und danach Jagd auf Essen.

Die Stadt glich einer Geisterstadt, weil man keine Menschen traf. Ein Supermarkt war auch nicht zu sehen und meine Laune sank stetig. Besonders als das nächstgelegene und einzige Lebensmittelgeschäft, das ich dann endlich fand, sowohl weit weg als auch noch geschlossen war. Mein Körper schrie mich innerlich an, dass ich zehn lange Stunden nichts gegessen hatte und es ein anstrengender Pilgertag gewesen war!

Aber auch mein Hunger konnte nichts an der Siesta der Spanier ändern. Das Einzige, was ich tun konnte, war warten. Als ich zurück zur Herberge stapfte, fiel mir ein alter Mann auf, der auf einer Bank an einem Spielplatz saß. Er beobachtete mich neugierig und hatte sicher einen besseren Tag gehabt als ich. Dabei musste er ungefähr hundert Jahre alt sein. Sein Gesicht trug tiefe

Furchen von einem Leben in der spanischen Sonne und er strahlte eine positive Ruhe aus. Er war übrigens der einzige Mensch, dem ich auf meinem Weg begegnete.

Überraschenderweise saß der Hundertjährige immer noch auf der Bank, als ich eine Stunde später erneut zum Supermarkt kroch. Nach dem Einkauf ließ ich mich auf die Schaukel auf besagtem Spielplatz fallen und aß eine ganze Packung Toast mit Hummus, drei Bananen und einen Fertigsalat. Danach blieb ich einfach eine Weile sitzen, erleichtert, dass ich einen weiteren Tag überlebt hatte.

Um zurück zur Unterkunft zu gelangen, musste ich an dem Hundertjährigen vorbeigehen. Er beobachtete mich nach wie vor und ich erwiderte seinen Blick. Lächelnd grüßte er mich und sagte irgendetwas über die Hitze. Ich konnte nur in gebrochenem Spanisch antworten: »Entschuldigung, ich spreche kein Spanisch. Ich bin eine Pilgerin.« Worauf er antwortete: »Ah, Peregrina, eine Pilgerin! Aber eine sehr schöne.« Wir lachten beide. Sicherlich sah ich nach jenem Tag nicht einmal entfernt schön aus. Allerdings machte die Begegnung mich glücklich, weil sie echt und ganz unerwartet war. Und ich hoffte, dass, wenn ich einmal in diesem Alter bin, auch so eine innerliche Ruhe ausstrahle.

15. Tag:

Von Castrojeriz nach Poblacion de Campos (29,7 km)

Ich und der Canal de Castilla in der Nähe von Fromista.
#FAVOURITEHAT

Mein Körper fühlte sich an diesem Punkt gut an, wenn ich ging. Nach diesen zwei Wochen, in denen ich täglich viel gepilgert war, tat das Wandern nicht mehr weh. Wer früh losgeht, ist auch früh am Ziel, so lautete meine Devise. Der Camino war in dieser Region überwiegend flach und die Landschaft karg, was nach einer gewissen Gewöhnung erholend wirkte. Nur der Kanal vor Fromista sorgte für etwas Ablenkung. An jenem Tag erreichte ich schon gegen vierzehn Uhr als zweite Pilgerin die Herberge in Poblacion de Campos.

Es gab freie Bettenwahl und saubere Duschen. Ich hatte sogar so viel Freizeit, dass ich etwas Latein auf einer Bank vor der Herberge las. Ein attraktiver junger Mann, der sich als Peer vorstellte, kam zwischendurch an und ich gab ihm den Hinweis, dass er im Hotel die Straße etwas weiter runter für die Herberge einchecken könne.

Etwas später legte ich mich für einen kurzen Nachmittagsschlaf in mein Bett und genoss die Siesta wie eine echte Spanierin. Ja, Pausen sind wichtig! Ich nahm mir vor, mich in stressigen Zeiten daran zu erinnern. Abends ging ich mit Ann, einer pensionierten Psychologin aus Schottland, zum erwähnten Hotel für das Pilgermenü. Als Hauptgang gab es gute Muschel-Paella und dennoch kostete es mich etwas Überwindung, das zu essen, da ich kein Meeresfrüchte-Fan bin. An unserem Pilgertisch saßen noch Peer sowie Freddy und Bob, zwei ältere Cousins aus Arizona, die viele witzige Anekdoten auf Lager hatten. Außerdem gesellte sich ein Paar zu uns: Marit aus Deutschland und Aaron aus Israel, allerdings verschwanden sie auch zeitig wieder auf ihr privates Doppelzimmer. Die Stimmung war gut und wir tranken noch mehr Wein und leckeren knallgelben Hierbas-Schnaps. Nach und nach verließen die anderen den Tisch, sodass nur Peer und ich noch übrig waren.

Schon den ganzen Abend hatte meine Aufmerksamkeit immer mehr ihm gegolten. Er war Architekt in Delf, in den Niederlanden, und witzig, aufmerksam, intelligent. Seine dunkelbraunen Locken fielen ihm leicht ins Gesicht und seine auffallend blauen Augen hatten eine Tiefe, die mich in ihren Bann zog. Ja, er faszinierte mich. Je später der Abend wurde, desto näher rückten wir zusammen.

Während wir uns über wirklich wichtige Dinge unterhielten, erzählte ich ihm auch meine Herzschmerzgeschichte und obwohl es schon viel besser war, ging es mir doch noch nah, weil ich sah, wie sehr es ihn erschütterte. Dann legte er tröstend und sanft seine Hand auf mein Knie. Instinktiv legte ich meine Hand auf seine.

Genauso emotional teilte auch er seinen Liebeskummer mit mir: Seine Ex-Freundin hatte nach neun Jahren Schluss gemacht, es ging ihm alles viel zu schnell. Sie hatten geplant, den Camino zusammen zu gehen, und es musste schwer sein, ihn nun trotzdem alleine zu laufen. Er tat mir unheimlich leid.

Es verbindet Menschen, wenn sie ihre verletzlichen, traurigen Erinnerungen einander anvertrauen. Das kann man auch nicht mit jedem oder immer und überall tun. Aber in ganz bestimmten, echten Momenten passiert es einfach. Ganz egal, wie lange oder kurz man sich kennt. Woher man kommt und wohin man geht. Solche Momente sind unvergesslich.

Zum Glück erfuhr ich auch Schönes über Peer. »Was ist als Architekt dein Lieblingsbauwerk?«, wollte ich wissen.

Ohne lange zu überlegen, antwortete er: »Die Saint-Chapelle in Paris. Der Bau kreiert einen unglaublichen Raum. Das ist wie Zauberei.«

Er zeigte mir Fotos und ich stimmte ihm zu: »Sie ist wunderschön. Das sehe sogar ich als Laie. Mir fehlt das technische Verständnis dafür, doch ich schätze Architektur um ihrer Schönheit willen.«

Er schaute mich eine Weile an und lächelte: »Ich auch. Genug davon. Erzähl mir mehr von deiner Leidenschaft!«

Ich machte die gleiche Kunstpause inklusive Blickkontakt. »Nun, Architektur kommt mir leider immer etwas stumm vor. Ich liebe Sprachen, weil Kommunikation so wichtig ist!« Wir unterhielten uns auf Englisch und ich betonte das »communication« besonders. Daraufhin sagte er schmunzelnd das, was mein Herz für eine Millisekunde aussetzen ließ: »It's Caminocation here!«

Genau das war diese unglaubliche, tiefgründige Brücke zwischen zwei Pilgernden in ihren so unterschiedlichen Leben. Ich hatte sie schon vorher bei Vida gefühlt und trotzdem war ich für einen Moment sprachlos. Verloren und gerettet in einem einzigen Atemzug.

Als der Hotelchef uns gegen dreiundzwanzig Uhr mitteilte, dass er schließen würde, waren wir die Letzten im Restaurant. Ich hatte nichts von den anderen Gästen mitbekommen und wollte, dass unsere Unterhaltung nie endete. Es war so einfach und unbeschwert, mit Peer zu reden. Nichtsdestotrotz musste ich am nächsten Tag weiterwandern und stand vom Tisch auf. Alles drehte sich. Also gingen wir die hundert Meter zwischen Hotel und Unterkunft Arm in Arm, um uns gegenseitig ins Bett zu bringen. Wir holten sogar noch die Wäsche aus dem Garten, was mir unnötig vorkam. Ich lachte und fragte Peer und das Universum, warum wir das taten. Nüchtern betrachtet, wusste ich natürlich, dass sie draußen über Nacht nass werden konnte, aber womöglich ging es mir dabei nicht um die Wäsche. Ich erinnere mich nicht mehr an Peers Antwort, denn ich hatte den allerschönsten Sternenhimmel entdeckt. Den ersten, seit ich losgewandert war, denn sonst ging ich viel früher ins Bett, um möglichst fit zu sein, und somit hatte ich den Anblick bisher verpasst.

Ich schaute gebannt hoch und fiel dabei fast um, aber Peer hielt mich fest. Sein Gesicht war von der Milchstraße umgeben und ich war überwältigt vor Glück. Es schien mir in diesem Augenblick einfach alles perfekt, richtig und friedlich zu sein. Magisch. Erst im Nachhinein dachte ich darüber nach, was passiert wäre, wenn wir uns geküsst hätten.

Stattdessen schlichen wir in den Schlafraum und trotz der späten Stunde lag ich noch lange wach. Aufgewühlt von Peer und dem Schnarchen über mir. Zwischendurch und zu früh wachte ich auf, machte mich irgendwann reisefertig und hinterließ Peer nur eine Notiz:

Lieber Peer,
es war eine fantastische Nacht mit dir. Ich kann mich nicht mehr ganz genau erinnern, ob wir uns Gute Nacht gesagt haben, sorry deswegen. Und guten Morgen! Aber ich erinnere mich an die einzigartigen Sterne und an Caminocation.
DANKE für alles ☺
Ich vertraue diesem Weg und hoffe wirklich, dass wir uns wiedersehen. Um dir indessen eine Chance/Möglichkeit zu geben, mich zu erreichen, ist dies meine Handynummer …
Hab einen guten Morgen und Buen Camino!
Deine Dory

16. Tag:

Von Poblacion de Campos nach Calzadilla de la Cueza (33,3 km)

13/09/2018

> Die öde Unendlichkeit und unendliche Öde der Meseta.
> #STEPBYSTEP

Nach fast zwei Wochen erwartete mich die härteste Etappe des Caminos: die gefürchtete Meseta (auf Deutsch: »Platte/Ebene«). Auch wenn jene Hochebene schon hinter Tardajos begann, war dies der grausamste Teil, denn der Weg führt mehr als dreißig Kilometer geradeaus über eine trostlose Schotterpiste. Kein Schatten, kein Wasser, keine Toilette, nichts. Es war wirklich eine extreme Anstrengung. Alles andere hörte auf zu existieren und es gab nur noch Durst und Weg.

 89

Ich ging Stunde um Stunde, bis ich irgendwann überhaupt nicht mehr wahrnahm, dass ich überhaupt wanderte. Für eine unbestimmte Zeit (die auch relativ wurde) hörte ich sogar auf zu existieren. Es war ein komisches, verrücktes Gefühl, das ich noch nie erlebt hatte. Ich konzentrierte mich auf meinen Atem und die Bäume am Horizont. Kamen sie näher oder entfernten sie sich? Ich wusste es nicht.

Die Leere dehnte sich aus. Zeitweilen fragte ich mich, ob ich überhaupt vorwärtsging. Aber ich durfte nicht stehen bleiben. Schritt für Schritt, linker Fuß, rechter Fuß. Wüste überall. Links, rechts, links, rechts. Wüste in mir. Um jeden Schritt kämpfen. Links, rechts, links, rechts. Ich traf wenig andere Pilgernde und niemand sprach. Oder ich hörte es nicht.

Als ich nach Ewigkeiten Dächer in der Ferne entdeckte, kamen mir vor Erleichterung die Tränen. Kurz vor Calzadilla de la Cueza gab es einen Brunnen mit Trinkwasser. Ein Geschenk des Himmels! Wasser ist Leben und selten verstand ich die Wahrheit dahinter. Ich trank, als hätte ich noch nie getrunken, und wusch mein Gesicht. Man brauchte nicht mehr zum Glücklichsein. Dann saß ich einfach nur dankbar dort im Schatten eines Baumes, der am Brunnen stand. Ich reflektierte, wie hart der Tag gewesen war, und dass ich es trotzdem tapfer geschafft hatte.

Als hätte jemand meine freudigen Gedanken gelesen, hörte ich eine vertraute Stimme. Ich schaute auf und sah meine beiden Lieblingspilgerfreunde Vida und Peer zusammen den Weg entlangkommen. Das konnte ich kaum glauben! Ich hätte Peer mit Sonnenbrille, Hut und staubiger Kleidung kaum erkannt. Doch dann breitete er seine Arme aus und ich sprang auf und warf mich hinein. Er drückte mich fest an sich.

Vida stand lächelnd daneben, bis ich sie genauso stürmisch umarmte. Wir hatten uns schon vor der Meseta am Vormittag kurz wiedergesehen und ich hatte ihr von Peer erzählt. Und Peer wiederum hatte ich natürlich von ihr erzählt, aber sie hatten beide nichts zueinander gesagt, sodass wir jetzt alle lauthals lachen mussten.

Wir gingen zusammen ein Bier trinken und stießen auf unsere Wiedervereinigung an – die Schuhe zogen wir aus. Ich schätze Leute wie Vida und Peer, die sich ehrlich über ein Wiedersehen freuen und es auch unverblümt sagen. Umso mehr fiel ich aus allen Wolken, als Peer verkündete, dass er noch weitergehen wollte. Nach allem, was wir an jenem Tag geschafft hatten? Ich versuchte ihn zu überreden, doch zu bleiben. Scherzhaft klaute ich ihm seinen Schuh. Allerdings wusste ich, dass man Reisende nicht aufhalten sollte.

Bevor er ging, bat ich ihn um ein Selfie, und Vida machte mit seinem Handy ein Foto von uns.

 91

Wir hielten uns in den Armen und es fühlte sich großartig an. Dann kam der Punkt, an dem ich ihn ziehen lassen musste. Auch ihm fiel es sichtlich schwer, das sah ich in seinen Augen. Er zögerte den Moment des letzten Abschieds hinaus. Da er einfach schneller als ich war, hatte er Sorge, dass er mich nicht wiedersehen würde. Peer hatte nur zwanzig Tage für den Camino.

»Man sieht sich immer zweimal«, sagte ich tröstlich und er antwortete mit: »Dann zählen wir dieses als erstes Mal, damit wir noch eins haben.«

Tatsächlich schickte er mir etwas später unser Selfie mit dem Kommentar: *Das könnte unser Hochzeitsfoto sein.*

Er hatte recht – wir konnten selbst an einem frischen, sauberen Tag nicht besser und glücklicher aussehen. Also antwortete ich ihm: *Ist das etwa ein Antrag? :-)*

Ich konnte danach nicht aufhören, unser Foto immer und immer wieder anzuschauen. Dementsprechend war ich ganz in Gedanken, während ich mit Vida noch zu Abend aß und dann früh schlafen ging. Sie verstand ohne Worte, warum ich so nachdenklich war, und schaute mich nur verständnisvoll an. Was hätte sie auch sagen sollen? Jedes Gefühl will gelebt werden. Es war beruhigend, sie an meiner Seite zu wissen.

17. Tag:

Von Calzadilla de la Cueza nach Bercianos del Real Camino (33,9 km)

Manchmal stellt sich heraus, dass die Umwege im Leben doch keine waren, sondern der direkte Weg zu den schönsten Ereignissen.

#MAIZEMAGIC

Was für ein toller Tag! Auch wenn ich trotz Ohrstöpsel kaum geschlafen hatte, denn wir hatten einen lauten Schnarcher unter uns. Vida wollte extra früh los und wir verabschiedeten uns, in der Gewissheit, uns wiederzusehen. Obwohl ich immer noch lieber etwas später losging, es aber in der Herberge nach dem Packen nichts mehr zu tun gab, brach ich auch früh auf. Es war zwar

 93

noch dunkel, aber die letzten Sterne waren es wert. Ein Deutscher schloss sich mir und meiner Handylampe an und wir führten ein angenehmes Gespräch über Gott und die Welt.

Gegen elf Uhr erreichte ich Sahagún und musste zweieinhalb Stunden auf Justus warten. Wir waren verabredet, weil er Geburtstag hatte, und er kam mit dem Bus. Ich wurde ungeduldig, ging einkaufen und traf kurz Vida, die wegen Beinschmerzen in Sahagún blieb. Als Justus endlich kam, dauerte unser Treffen gefühlt nur fünf Minuten, denn ich wollte unbedingt weiter. Sein Seelentier konnte ein Elefant sein. Er war sozial und loyal wie ein Herdentier, ebenso mitfühlend, erfahren und fürsorglich. Auf jeden Fall ein afrikanischer, kein indischer, sonst hätten wir nicht mehr befreundet sein können.

Ich schickte Peer eine Nachricht und wir verabredeten uns lose in Santiago. Er erinnerte mich daran, dass er mir quasi schon einen Heiratsantrag gemacht hatte. Ich schrieb nur zurück: *Das solltest du unbedingt wiederholen.* Er: *Haha, wird gemacht!* Tatsächlich fragte er noch, wie weit ich an jenem Tag gehen wollte. *El Burgo Ranero,* antwortete ich. Ich musste wieder ungefähr dreißig Kilometer gehen, denn in meinen Tagträumen plante ich für den folgenden Tag, Pizza in Leon zu essen.

Es gab hinter Sahagún eine Alternativroute, doch ich entschied mich für den Hauptweg. Leider war der nicht so gut ausgeschildert, weshalb ich mich an einem Autobahnkreuz an der falschen Autobahn orientierte und in die verkehrte Richtung lief. Nach einer Weile fühlte es sich allerdings ohne andere Pilger oder gelbe Richtungspfeile komisch an. Meine Zweifel wuchsen und ich kletterte einen gefährlichen Abhang hoch, um mir einen besseren Überblick zu verschaffen, und googelte nach dem richtigen Weg. Das war typisch für mich, ich hatte wirklich einen unfassbar schlechten Orientierungssinn. Der Camino war wie befürchtet in diesem Sinn eine ständige große Herausforderung.

Gott sei Dank (und dem Internet) fand ich heraus, wohin ich musste. Ich entschied mich für querfeldein durch ein Maisfeld, als plötzlich die Wassersprenganlage anging. Doch anstatt schnell weiterzulaufen, blieb ich stehen, schloss meine Augen und streckte die Arme aus. Es war die perfekte Erfrischung in der Mittagshitze und ich genoss den feinen Sprühnebel auf meiner Haut. Man muss eben immer das Beste aus jeder Situation machen.

Mit weniger als zehn Prozent Akku verbleibend, checkte ich, zurück auf dem Weg, noch einmal, ob ich auch wirklich richtig war, und trank noch einen Schluck. Himmel, da tauchte Peer mit einem Mal auf! Wir konnten es beide nicht glauben. Alles ist Fügung. Er nannte unser Treffen »Peer finding

 95

Dory« – nach dem Disneyfilm. Erst dann bemerkte er, dass ich nass war, und ich erzählte ihm lachend von meiner Abkürzung.

Wir gingen entspannt zusammen weiter und nutzten die Gelegenheit, uns mehr kennenzulernen. Ich stellte neugierige Fragen. Ein Lächeln huschte über sein Gesicht, als er mir verriet, dass sein Lieblingsessen tatsächlich Brot war. Er war eigen, aber auf seine Art charmant. Deswegen erzählte ich ihm genauso offen, dass ich seit unserem letzten Treffen seine Masterarbeit über mexikanische Gefängnisarchitektur im Internet gefunden hatte. Er wusste offensichtlich nicht, wie er darauf reagieren sollte, also schaute er mich etwas verlegen an.

Natürlich konnte er mich um halb vier nachmittags leicht davon überzeugen, keine weiteren acht Kilometer mehr zu gehen, sondern mit ihm in Bercianos del Real Camino zu bleiben. Wir checkten zusammen bei der Chefin Maria ein und der Hospitalero hieß tatsächlich Jesus. Ich war mir bewusst, dass wir wie ein Paar aussehen mussten. Wir schlossen den Deal, dass ich für unsere Betten zahlte und er für unser Abendessen. Teamwork!

Die Herberge war schön, neu und wir waren in einem Viererzimmer untergebracht. Ich duschte zuerst (der Gentleman ließ mich) und wusch dann meine Sachen. Als ich zurückkam, fand ich auch Peer geduscht vor und konnte mir den Kommentar »Sauber siehst du sogar noch besser aus« nicht verkneifen. Er lachte leise, denn unser kanadischer Mitbewohner schlief schon. »Selber!«, flüsterte er schließlich. Ich wuschelte ihm durch seine Haare. Berührungsängste hatte ich noch nie, aber wie ernsthaft war das zwischen uns wirklich? Für ihn und für mich?

Wir schrieben beide in unsere Tagebücher und ich fragte mich, was er sich notierte und ob er über mich genauso oft schrieb wie ich über ihn. Und was er wohl von mir hielt. Fragen über Fragen, allerdings nahm ich mir vor, die Dinge auf mich zukommen zu lassen. Das hatte ich auf dem Weg schon gelernt.

Es wurde ein wundervoller Abend. Zum Abendessen setzte sich eine ältere Deutsche zu uns und Peers Deutsch war supersüß. Lange saßen wir danach noch draußen und Peer erzählte mir mehr über seine große Passion, die Architektur. Es interessierte mich, vor allem war ich fasziniert, wie begeistert er darüber sprach. Seine Lieblingsphase war das erste Design eines Projekts. Er hatte sogar schon einen Wettbewerb in China gewonnen (mit einem Endlos-Spiegel-Boden, sodass man denkt, in den Wolken zu laufen) und war dorthin geflogen. Peer mochte Buddhismus, Zen und das Aquamarinblau dort.

Mit ihm lebte ich vollkommen im Augenblick und er tat mir unheimlich gut. Ich schätzte seinen

Humor und konnte nicht wegschauen, wenn er redete. Er strahlte eine unwiderstehliche Anziehungskraft auf mich aus. Trotzdem schaffte ich es, nur weniger Meter von ihm entfernt einzuschlafen.

18. Tag:

Von Bercianos del Real Camino nach Leon (45,1 km)

Die Kathedrale Santa Maria de Regla in Leon bei Nacht.
#WEDIDIT

Das war der allerbeste, sehr überwältigende und härteste Tag auf meinem Camino. Er fing damit an, dass ich Peer wecken durfte. Es sollte liebevoll sein, aber nicht zu viel, denn immerhin hatte er mich gewarnt, dass er morgens nicht sonderlich sozial sei. Außerdem wäre das gruselig. Also stupste ich ihn nur sanft an und er bewegte sich schon. »Guten Morgen, Peer.«

Ich packte meine Sachen und linste zu ihm hinüber, wie er noch einige Momente ausdruckslos auf dem Bett saß. Ich hingegen war es sowieso gewohnt, früh aufzustehen. Unsere beiden Zimmermitbewohner waren ebenfalls wach und ich sprach noch einmal den Leon-Plan an.

»Hast du ausgerechnet, wie weit das ist?«, fragte Peer.

»Fünfundvierzig Kilometer«, antwortete eine unserer Mitbewohnerinnen für mich.

Ich grinste. »Wir werden sehen.«

Jeder Tag fing mit einem ersten Schritt an, also gingen wir los und hatten bald ein komfortables, gemeinsames Tempo gefunden, während wir wieder über alles Mögliche redeten. Ich merkte, dass ich ihm vertraute. Wir sprachen auch über Bücher.

»Witzig, dass du Bücher liebst, denn du kommst mir selbst wie ein dickes, offenes Buch vor«, sagte er und lachte.

»Danke, das nehme ich mal als Kompliment. Ich finde, Worte sind magisch, sie erschaffen ganze Welten. Mein Traum ist, eines Tages ein Buch zu schreiben und damit möglichst viele Menschen zu bewegen.« Ich konnte ihn nicht anschauen, nur wenige Menschen wussten von diesem Traum und es war mir Peer gegenüber doch ein wenig unangenehm, darüber zu sprechen. Und ab und zu schrieb ich auch einfach nur Texte für die Schublade.

»Eines Tages oder Tag eins«, kommentierte Peer weise.

Ja, man muss eben nur anfangen.

Wir stellten uns unendlich viele Fragen und dabei ging es nicht um definitive Antworten, sondern das Nachdenken, Reden, Zuhören an sich. Es war unglaublich erfrischend und unterhaltsam.

Nur einmal wurde er ernst. Er blieb stehen, schaute mich an und bat mich: »Kannst du mir einen Gefallen tun?«

»Klar, was gibt's?«

»Ein Versprechen. Bitte versprich mir, dass du dich niemals ändern wirst.«

Ich schluckte und fand keine Worte.

»Du bist so fröhlich, Dory«, redete er weiter, »so enthusiastisch und echt. Vor allem deine Offenheit darfst du nie verlieren.«

»Okay, ich verspreche es. Danke dir.« Das kam total unerwartet, aber bedeutete mir wirklich viel und beschäftigte mich noch sehr lange.

Ein Höhepunkt auf unserem gemeinsamen Weg war definitiv unsere Maisfeldparty. Ich hatte ihm selbstverständlich von meinem Abenteuer hinter Sahagún erzählt, als ich mich verlaufen und die Abkürzung durch ein Maisfeld genommen hatte. Irgendwann nahm er meine Hand und zog mich plötzlich in das nächste Maisfeld. Es war dicht und die Pflanzen waren höher als wir, sodass ich ihn schnell verlor, also tobte jeder für sich durch das Feld. Es war so verrückt, im Alltag würde man das nie machen, und genau das war das Befreiende daran. Einfach mal komplett loslassen, wieder Kind sein. Wir jauchzten und jubelten, fanden uns so wieder. Leben! Freiheit! Glück!

Danach sagte ich ihm ehrlich, dass es mir mittlerweile egal war, ob wir es nach Leon schafften. Der Weg an sich war so viel wertvoller. Die Kirsche auf der Torte war jedoch unsere Brunnen-Szene. Wir waren schon ziemlich kaputt und kamen an eine Wasserstelle mit zwei Wasserhähnen in einer Wand, allerdings ohne die übliche Information, ob es trinkbar war oder nicht.

»Du kannst zuerst trinken, um es zu testen«, schlug ich amüsiert vor.

»Das mache ich glatt, wenn ich weiß, dass ich dich damit rette.«

Ich zögerte, denn ohne ihn wollte ich nicht weiter. »Warte, wir trinken gleichzeitig und sehen, was passiert. Immerhin sind wir dann zusammen.«

Es war ein Moment wie in »Romeo und Julia«, eins der für mich bis heute größten Dramen überhaupt. Wir schöpften das Wasser mit unseren Händen, waren bereit zu trinken, blickten uns an, da fragte er noch: »Sei ehrlich, würde es dir etwas ausmachen, jetzt tot umzufallen?«

Ohne nachzudenken, sagte ich aus voller Überzeugung: »Nein.«

Wir hielten immer noch unsere Blicke fest. Und tranken das Wasser.

Wir waren so vom Leben erfüllt, dass uns der

Tod keine Angst mehr machen konnte. Dabei hatte ich mein ganzes Leben den Moment gefürchtet, in dem alles zu Ende gehen und ich vielleicht nicht alles geschafft haben würde. Nicht alles erlebt oder erledigt, was ich mir wünschte. Aber dieser Moment am Brunnen irgendwo im Nirgendwo war eine wunderschöne Seifenblase mit der Erkenntnis, dass uns keiner unsere Erinnerungen wie diese nehmen konnte.

Ganz natürlich floss unser Gespräch danach auch zum Glauben. Peer gefiel das Zen-Gedankengut und das Erleben des jeweiligen Augenblicks. Ich bin katholisch aufgewachsen und habe seit jeher Frieden, Kraft und Trost in der christlichen Denkweise gefunden. Peer hörte mir gespannt zu, wie ich ihm meine Lieblingsgeschichte »Spuren im Sand« erzählte.

Es geht dort um einen Mann, der nach seinem Tod Gott im Himmel trifft, und zusammen schauen sie auf sein Leben als Fußspuren im Sand. Der Mann bemerkt, dass es manchmal zwei Spuren gibt, manchmal nur eine. Er fragt Gott besorgt: »Die meiste Zeit meines Lebens sind wir zusammen gegangen, doch in den schwersten Phasen sehe ich nur eine Spur im Sand. Warum hast du mich allein gelassen, als ich dich am meisten brauchte?« Gott antwortet: »Dort, wo du nur eine Spur im Sand siehst, da habe ich dich getragen.«

 103

Wir schwiegen. Es war eine angenehme Stille, in der wir nur unsere Schritte und die eigenen Gedanken hörten. Die Luft war heiß. Nach einer Weile fragte Peer mich, ob ich jemals Zweifel an meinem Glauben gehabt hätte. Ich antwortete ehrlich: »Natürlich. Eine gefühlte Ewigkeit konnte ich nicht akzeptieren, dass meine Beziehung so tragisch gescheitert war. Ich irrte irgendwo zwischen Verzweiflung und Wut, weil die Trauer so wehtat. Ich fühlte mich als Opfer der größten Ungerechtigkeit der Welt. Das Schicksal und damit Gott hatten Schuld an meinem Elend.«

Ich erinnere mich noch, wie damals lähmende Hilflosigkeit meine dunklen Gedanken festhielt, während ich trotzdem versuchte, weiter zu funktionieren. In einem sehr philosophischen Literaturkurs mit einem meiner Lieblingsprofessoren an der Uni lasen wir Kierkegaard. Gerade dort kam ein kleiner Lichtblick. Wir diskutierten die biblische Geschichte von Hiob. Er sollte so gläubig gewesen sein, dass der Teufel ihn testen wollte. Immerhin ist es einfach, an das Gute zu glauben, wenn es einem gut geht. Doch selbst als der Teufel ihm seinen Besitz raubte, seine Kinder tötete und Hiob schwer krank machte, gab Hiob seinen Glauben nicht auf.

Vielleicht hilft es, die schlechten Zeiten als eine Prüfung zu sehen. Es muss dabei nicht um den Glauben gehen, sondern um eine Prüfung der

Werte, Willenskraft, des Durchhaltevermögens oder der Lösungen. Jede bestandene Lebensprüfung kann uns etwas lehren. Ich habe in jener Krise viel über mich selbst und die Welt gelernt. Das war der größte Gewinn und ich bin dankbar dafür, auch wenn ich es mir selbst nicht leicht gemacht habe.

Zurück zu Peer. Wir redeten so vertraut miteinander, dass ich das Gefühl hatte, ihn schon ewig zu kennen. Ich erfuhr die ganze Geschichte seiner Trennung. Das war erst vor einigen Monaten gewesen. Es tat mir so leid zu sehen, wie weh ihm die Erinnerungen taten. Also nahm ich ihn in den Arm und er flüsterte: »Danke für dein Mitgefühl.« – »Immer.«

Danach schwiegen wir für eine lange Zeit, beide in Gedanken. Wahrscheinlich würde es ihm mit der Zeit besser gehen, doch ich wusste, dass man in manchen Momenten einfach untröstlich war. Das war okay.

»Vielleicht war sie nach all der Zeit nicht mehr die gleiche Person«, sagte ich nach einer Weile. »Menschen ändern sich. Immerzu. Dieser Gedanke hat auch mir beim Loslassen geholfen.«

Wir fanden viele traurige Gemeinsamkeiten in unserer Gefühlswelt. Peer und ich waren die Verlassenen und konnten nicht loslassen. Ich erzählte ihm Gedanken, die ich niemandem sonst jemals erzählt hatte, weil ich wusste, dass er sie verstehen würde.

Viel von dem Weg bekam ich jedoch nicht mit, wir besuchten nur eine Panaderia, wo er Brot kaufte und ich Kuchen. Beim Verspeisen des köstlichen Gebäcks kamen mir die Tränen. Ich war so glücklich und fühlte mich wie im Himmel. Womit hatte ich diesen perfekten Tag verdient?

Wir teilten uns Sonnencreme und ich schenkte ihm mein Eis-Gel, weil ich schmerzfrei war, er jedoch eine geschwollene Ferse hatte. Irgendwann machten wir eine Märchen-Oase-Pause unter einem riesigen Baum. Ich legte mich zum Entspannen auf eine Bank, während er aß. Wir wollten doch nach Leon, beschlossen wir schließlich.

»Denkst du, dass der Camino uns in dem Sinne verändert, dass wir mehr wir selbst werden oder eher eine ganze neue Version von uns selbst?«, wollte ich wissen.

Er blinzelte amüsiert. »Eher wir selbst.«

Dann gingen wir weiter. Und weiter. Und weiter. Der Tag war unsere Ewigkeit!

Zwischendurch hörten wir aus der Ferne von einer Bar »No woman, no cry« und tanzten dazu. Als Nächstes lief »Could this be love« und wir lachten. Peer sang gerne und verdammt gut, zum Beispiel Johnny Cash, deswegen bat ich ihn, für uns zu singen.

Es wurde noch heißer, bevor sich die Temperaturen langsam wieder normalisierten. Kurz vor Leon kam noch eine Umleitung, weil eine Fußgängerbrücke über die Autobahn gesperrt war. Ich bekam nun auch Beinschmerzen und wir wurden stiller. Auf den letzten fünf Kilometern mussten wir eine Schotterpiste durch Industriegebiete rauf- und runterlaufen. Ich wartete auf die Erlösung, Leon zumindest von Weitem zu sehen. Wir tranken das letzte Wasser aus meiner Flasche und litten zusammen.

Dann kamen wir abends endlich und humpelnd in Leon an! Dort trafen wir am Stadteingang ein amerikanisches Paar und plauderten, während Peer schon nach Pizzerien googelte. Allerdings wollten wir zuerst zum Benediktinerinnenkloster, unserer Unterkunft. Es war unglaublich, nach all den Kilometern dort zu sein. Wir fielen uns in die Arme. »Danke, Peer. Ohne dich hätte ich es nicht geschafft! Du bist mein Held«, sagte ich ehrlich. Er hielt mich noch etwas fester. Die Nonne an der Rezeption hatte uns beobachtet, schaute in unsere Pilgerpässe und kommentierte lächelnd, dass wir verrückt seien. Daraufhin tauschten wir ein wissendes, glückliches Lächeln aus.

Ich war noch nie so erleichtert und so stolz gewesen! Und gleichzeitig so erschöpft. Natürlich waren die hundertfünfunddreißig Betten im Kloster streng nach Geschlechtern getrennt.

In der Dusche überkamen mich wieder die Tränen. Wir hatten es tatsächlich geschafft. Was für ein Abenteuer! Ich brauchte etwas Zeit, um klarzukommen. Bis Peer mir schrieb, dass er draußen in der Bar gegenüber wartete.

Nach einer kleinen Stärkung schlenderten wir durch die wunderschöne Innenstadt Leons, fanden ein nettes Pizzarestaurant, aßen vegetarische Pizza und tranken den bisher besten Peregrino-Wein. Wir unterhielten uns unter anderem über die Menschen, die wir auf dem Weg getroffen hatten, und er kannte tatsächlich auch Ladi. Also schickte er ihm kurzerhand ein Foto von mir mit meiner Pizza, worauf Ladi zurückschrieb: *Oh, das ist die verrückte Dory :D Richte ihr bitte aus, dass sie langsamer gehen soll, damit ich sie für unsere Hochzeit einholen kann.*

Das musste ich Peer daraufhin erklären. Schon witzig, wer wen kennt.

Es wurde eine unvergessliche Samstagnacht in Leon! Als wir wieder auf die Straße traten, vibrierte dort das Nachtleben. So etwas geht nur in warmen Ländern: Die Menschen treffen sich draußen und essen, trinken und tanzen in den Gassen.

Wir umrundeten einmal die traumhafte, beleuchtete gotische (danke, Lieblingsarchitekt) Kathedrale und fanden ein schönes Plätzchen zum Sitzen. Offensichtlich waren wir angetrunken. Als wir durch die belebten, vollen Straßen zurückgingen, hakte ich mich einfach bei Peer unter. Selbstverständlich kehrten wir zu spät zum Kloster zurück, das um zweiundzwanzig Uhr offiziell zugemacht hatte. Zum Glück konnten wir durch den Hoteleingang nebenan hineingehen.

Um die Nacht noch zu verlängern, setzten wir uns in den Hinterhof ins Halbdunkel und massierten uns gegenseitig unsere Füße. Für niemand anderen hätte ich das gerne gemacht. Es fühlte sich aber richtig und gut an, nach fast 70.000 Schritten, die wir an dem Tag zusammen zurückgelegt hatten. Später wurde es ein Fußstreicheln, weil wir wirklich müde waren.

Und wir schwebten wieder in bester Caminocation.

»Ich freue mich überhaupt nicht auf Weihnachten dieses Jahr«, sagte Peer.

»Wie kommt's?«

»Weil dieses Jahr alles anders sein wird.«

»Ich weiß, wie beängstigend Veränderungen in unserem Kopf sind. Aber nur durch Veränderungen kann es besser werden.«

Der Rest unseres Gesprächs ist durch den Wein etwas verwischt in meinen Erinnerungen, doch unsere Gefühle waren echt. Gegen Mitternacht wünschten wir uns eine gute Nacht und nach einer innigen Umarmung trudelten wir in unsere Betten.

Ich lag noch etwas länger wach. Der Tag und Peer hatten mich sehr aufgewühlt. Der Schlafsaal der Frauen war ausnahmsweise still. Ich schloss meine Augen, um das überfließende Glück zu spüren. Es sollten Erinnerungen werden, die für immer blieben.

19. Tag:

Von Leon nach
Hospital de Órbigo (29,9 km)

Der szenische Innenhof der kirchlichen Karl-Leisner-
Herberge in Hospital de Órbigo.
#PEACE

An diesem Tag hatte ich es nicht eilig aufzustehen, denn die Nacht war viel zu kurz gewesen.
Außerdem machte die Kathedrale erst um halb
zehn auf. Zuerst ging ich in die enge und volle
Pilgerküche, um Kaffee zu trinken. Peer saß dort,
ganz vertieft in seinen Reiseführer. Ich legte meine Hände von hinten vor seine Augen: »Rate, wer
das ist!«

Als er antwortete, hörte ich das überraschte

 110

Lächeln in seiner Stimme: »Ich weiß nicht, vielleicht Dory?«

Wer sonst?

Ich setzte mich neben ihn. Wir redeten nicht viel. Er stand auf und ich trank noch meinen Kaffee aus und ging auch bald darauf. Ich wollte noch in die Kathedrale, bevor es weiterging. Langsam bummelte ich durch Leon, machte Fotos von der Kathedrale, die mich an die Kathedrale in Burgos erinnerte. Zwei Stunden später machte sie endlich auf und ich konnte sie auch von innen besichtigen. Peer hatte am Morgen noch geschrieben: *Byeeee, Dory*. Wir hatten uns irgendwie verpasst. Also verbrachte ich den ganzen Tag mit dem Versuch, ihn einzuholen.

Manchmal bildete ich mir sogar ein, ihn in der Ferne zu sehen. Ich wartete auch auf eine Nachricht von ihm, irgendetwas. Zwischendurch schaltete ich meine mobilen Daten wieder aus, weil ich glaubte, dass so die Chance, ihn zu treffen, größer werden würde. Aber ich merkte, wie ich für Peer ging und nicht mehr für mich. Ich wollte ihn beim nächsten Stopp wiedersehen, obwohl er mir zweieinhalb Stunden voraus war.

In Leon traf ich noch die Gruppe aus Justus, Raphael und Julia. Das war nett, auch wenn ich nicht wirklich reden wollte. Deshalb ließ ich mich etwas zurückfallen und überholte sie in ihrer Pause. Meine Gedanken hingen wieder an Peer.

Ich erwartete, dass er auch »nur« dreißig Kilometer gehen würde, denn morgens hatte er noch Schmerzen gehabt. Doch bald schon konnte ich nicht mehr, schaffte trotzdem noch weitere acht Kilometer und kam gegen siebzehn Uhr nach Hospital de Órbigo. Kurz davor musste man über eine beeindruckende Brücke gehen, die von den Römern gebaut worden war und über den Fluss Órbigo führte.

Die Karl-Leisner-Albergue, in die ich dann eincheckte, war die bisher schönste: Mit dem bepflanzten, bunt bemalten Innenhof und dem Garten herrschte eine absolute Wohlfühlatmosphäre. Und ich traf dort Theis wieder! Er spendierte mir das Bier, das er mir bei unserem letzten Treffen für das Nachbringen seiner Socken versprochen hatte. Ich saß mit ihm in einer Männerrunde mit zwei Amerikanern aus New York und Columbia, einem Engländer und einem Franzosen.

Ich erzählte von unserem Gang nach Leon und Theis wollte wissen, wo Peer jetzt war. »Weiter«, sagte ich traurig. »Willst du Geld für ein Taxi?«, bot Theis mir an. Das war wirklich lieb von ihm, doch mein Ehrgeiz würde so etwas niemals zulassen. Und wozu auch? Es war sinnlos, jemandem nachzujagen, der nicht darum gebeten hatte. Stattdessen zog ich mich zurück und schrieb Peer. Ich war enttäuscht und wütend. *Bist du okay?*

Tatsächlich antwortete er endlich: *Oh, Dory,*

 112

keine Sorge. *Mein Akku war leer, weil ich vergessen hatte, ihn aufzuladen. Ich bin jetzt in Astorga und versuche, meinen Santiago-Traum am Leben zu erhalten. Aber ich denke, es ist vergeblich. Wo bist du?*

Ich war schockiert. *Was?! Wie weit bist du heute gelaufen? fünfundfünfzig Kilometer? Wie ist das möglich? Bitte übertreib es nicht. Nicht für mich, sondern weil es dich vielleicht nicht glücklich macht. Jeder Schritt zählt hier, das weißt du doch. Natürlich mache ich mir Sorgen, immerhin hattest du heute Morgen noch heftige Schmerzen.*

Ich duschte und es ging mir nicht besser. Also ergänzte ich: *Ich bin noch nicht fertig. Ich weiß, dass es nur dein Weg allein ist. Und du weißt, dass ich sehr direkt bin. Erinnerst du dich nicht mehr an die Quelle mit dem möglicherweise unsauberen Wasser? Das Maisfeld? Die Gespräche? Der Moment, als wir im Kloster von Leon ankamen? Für mich bedeuten all diese Momente, die ich mit dir verbracht habe, so viel mehr als in Santiago anzukommen. DAS ist der Weg, Zeit zum Lachen zu haben, zum Erkunden von Leon in der Nacht, zum Laut-Denken, zum Freisein ohne Sorge, wo wir am Abend ankommen würden. Nicht alleine zu sein. Keine Schmerzen zu haben. Ich mag dich und deswegen bin ich so wütend. Frag dich einfach, ob es das wert ist, und was du gewinnen kannst, wenn du es anders angehst ... Vor allem möchte ich, dass du nicht deine Freiheit, deinen Humor und deine Leichtigkeit verlierst. Ein Teil von dir weiß, dass ich recht habe.*

 113

Tu mir nur den einen Gefallen und denk ernsthaft darüber nach.

Er antwortete: *Du berührst mich mit deinen Worten, Dory, und ich weiß, dass du recht hast. Aber mein Weg braucht ein Ende und ich weiß im Moment nicht, was das ist. Ich will es geschehen lassen, was auch immer es ist. Unsere Momente werden für immer sein. Und ich verspreche dir genauso, dass ich meine Freiheit, meinen Humor und meine Leichtigkeit nicht verlieren werde. Bist du wirklich wütend?*

Ja, ich hatte geplant, schon um vier Uhr in der Nacht loszugehen, um dich einzuholen.

O mein ... Wo bist du?

Fünfzehn Kilometer hinter dir. Ich könnte sogar jetzt losgehen, allerdings will ich dich nicht aufhalten, Peer. Gib mir nur einen Grund. Einen anderen Grund als das ENDE. Das ist nicht sehr optimistisch. Denkst du etwa, dass nur das Ende des Lebens es wertvoll macht? Denkst du, dass du nur gegessen hast, wenn du die Pizza ganz aufisst? Es ist ein Weeeeg. Was ist dein Plan? Ich will helfen.

Es gibt keinen Plan. Und genau das bin ich, es gefällt mir so. Aber ich bin ziemlich kaputt jetzt ...

Okay, eine letzte Frage: Was soll ich tun?

Weitergehen. Und weiter. Vergiss nicht, jetzt zu schlafen.

Ich kann nicht! Du kannst ja für uns beide schlafen. Buen Camino. Ich werde dich nie vergessen und den Umstand, dass wir uns nie verabschiedet haben.

Ich war wirklich traurig, dass es keinen Abschied gegeben hatte.

In der Herberge fand noch ein spiritueller Austausch statt, an dem ich teilnahm und der für mich wieder sehr emotional war. Doch viele Menschen machten mir Mut. Ich lernte auch zwei polnische Verlobte kennen, die zusammen mit Fahrrädern in Polen gestartet waren. Die Idee, den Camino mit seinem zukünftigen Ehemann zu gehen oder zu fahren, gefiel mir sehr, und ich fügte es in Gedanken zu meinen Lebenszielen hinzu.

Zur Schlafenszeit lag ich noch lange wach und weinte sogar ein bisschen. Ich war aus mindestens zwei Gründen sauer und traurig: seinet- und meinetwegen. Er sollte auf sich selbst hören, Schmerzen und Kaputtsein waren nicht der Santiago-Traum. Außerdem hatte ich das Gefühl, ihn verloren zu haben. Wer war ich überhaupt, mich in seine persönlichen Entscheidungen einzumischen? Und wer war er für mich? Ich hatte ihn nur drei Mal getroffen. Wir waren auf dem Weg und er hinterließ Spuren. Aber in der Nacht fühlte ich mich seinetwegen wieder klein und das mochte ich nicht. Ich verstand ihn einfach nicht.

Kurz nach Mitternacht schrieb ich ihm noch einmal: *Es tut mir leid, dass ich mich zu sehr in deine Sachen eingemischt habe. Ich habe mich mittlerweile beruhigt und festgestellt, dass ich nicht so kaputt sein möchte, aber du vielleicht ... Es ist in Gottes Händen*

 115

wo, wann und ob wir uns das nächste Mal treffen. Also gehen wir einfach mutig weiter, denke ich. Ich wünsche dir all das Beste in der Welt. Wo auch immer du bist, fühl dich umarmt.

Verwirrt schlief ich irgendwann ein.

20. Tag:

Von Hospital de Órbigo nach Santa Catalina de Somoza (26 km)

Eine der wunderbaren Donativo-Oasen, wo es
Erfrischungen für Pilger gegen Spenden gab.

#REST

Ein schrecklicher Tag! Körperlich und mental ging
es mir richtig mies. Schon morgens weinte ich,
dachte an traurige Liedzeilen und daran, wie viel
ich in meinem Leben verloren hatte. Sogar meine
Wäsche war über Nacht nass geblieben und somit
schwerer.

Diese erneute Hilflosigkeit riss alte Wunden auf.
Doch dieses Mal vermisste ich Peer. Als ich los-
wollte, erinnerten mich die Sterne an unsere erste

Nacht und Fügung und Schönheit. So ging der Tag weiter und die trüben Gedanken folgten mir auf Schritt und Tritt. Ich summte »Der Weg« von Grönemeyer, weil es so dramatisch ist, vor allem die Liedzeile »Das Leben ist nicht fair«. Ich mochte Peer wirklich gern, auch seine verrückte Spontaneität. Timing blieb eine Bitch.

Ich konnte mein Glück schon wieder nicht festhalten, denn sonst wäre ich nicht allein. Vielleicht würde er hinfallen und dann würde ich vorbeikommen und … Ich wollte nicht, dass er wirklich hinfiel. Nur konnte ich das Gefühl des Verlustes nicht loswerden oder ihn loslassen. Schon wieder. Das war alles total unerwartet passiert.

Ein kleiner Lichtblick nach über sieben Kilometern entlang einer vielbefahrenen Straße war eine gemütliche Donativo-Oase am Vormittag: Limo, Kuchen, Obst, Kaffee, ALLES. Und das im Nirgendwo. Trotzdem saß ich mittags in Astorga vor dem Gaudipalast und starrte vor mich hin. Ich wollte nicht weiter. Ich wollte nur nach Hause. Und vielleicht hatte Peer recht, dass ich viel zu schnell aufgab. Es fühlte sich erbärmlich an.

Humpelnd und mit Schmerzen wegen meines erneut entzündeten rechten Fußes schaffte ich es nach Santa Catalina de Somoza in eine schöne Herberge. Ich nahm Ibuprofen und schlief. Alles tat weh, auch mein Herz. Dennoch trank ich später mit meinen lieben Zimmernachbarn Silvain, ein Investmentbanker aus Kanada, Naïma aus Israel und Chanko aus Japan ein paar Bier. Es war eigentlich eine witzige Runde und ich wollte nicht alleine sein. Naïma war einen Tag vor ihrer Hochzeit von ihrem Verlobten verlassen worden und hatte sich deswegen Hals über Kopf für den Camino entschieden. Sie ging langsam, weil sie manchmal gar nicht ankommen wollte, denn in ihr altes Leben zurückzukehren schien zu hart.

Peer schrieb am Ende des Tages, dass er eine tiefgründige Erfahrung gehabt hätte. Mehr nicht. Aha. Das machte mich wütend, er hatte sich lange nicht gemeldet, während ich ungeduldig auf seine Nachricht gewartet hatte. Ich entgegnete, es würde sich anfühlen, als hätten wir unsere besondere Verbindung verloren. Allerdings versicherte er mir, dass dem nicht so sei und er immer noch an mich dachte. Also rief ich ihn spontan an. Er war in einer krassen Unterkunft ohne Strom und Warmwasser, was echt mutig war und er wohl brauchte. Das war also die tiefgründige Erfahrung. »Stell dich deinen Ängsten und überwinde sie«, sagte er.

Obwohl ich ihm mein Drama ersparen wollte, erzählte ich ihm dann doch, wie unterirdisch es mir den ganzen Tag gegangen war. Er reagierte schockiert, sagte meinen Namen und schwieg. Wahrscheinlich war unsere Verbindung für ihn nicht so ernst gewesen wie für mich.

Dann fiel ihm noch etwas ein: »Sei offen! Sei du

selbst und stell dich auch dir selbst! Lass Dinge passieren – deswegen bist du hierhergekommen, oder? Dein Weg ist noch nicht vorbei.«

Ich gestand ihm, dass ich nach Hause wollte, weil ich alles erlebt hatte und so verdammt enttäuscht war. Nach zwanzig Minuten legte ich auf und fühlte mich etwas gestärkt, ohne zu viele Hoffnungen zu haben.

Meine Mama hatte mir geschrieben, dass ich es dem Leben überlassen sollte, wie es sich entwickelte. Manchmal sollten einige Dinge nicht sein. *Geh deinen Weg weiter, so wie du es kannst. Vielleicht ist das das Zeichen, dass Peer nicht der Richtige ist und dein Weg noch weitergeht, weil Gott etwas anderes mit dir vorhat. Sei nicht traurig, Kleine.*

Aber so war das Leben manchmal – ein mieser Verräter.

21. Tag:

Von Santa Catalina de Somoza nach Camponaraya (46,1 km)

Links: Ich am Fuße des Cruz de Ferro, das auf einem Berg aus gesammelten Steinen von Pilgern steht. Rechts: Meine Scherbe, die ich aus Toulouse mitgebracht hatte und dort ablegte.
#FORGIVENESSISFREEDOM

Schon wieder einen Tag weiter. Zuerst war es ein unglücklicher Tag, doch dann erlebte ich ein Wunder. Ich startete um kurz nach sechs Uhr, glücklicherweise mit Silvain, der eine Lampe hatte und auch nicht viel redete. Reden mochte ich gerade nicht. Wir machten in Rabanal del Camino Kaffeepause und er erzählte mir von seiner Tochter.

Sie war im Teenager-Alter und er sah sie wegen der Scheidung von seiner Frau nur selten, weswegen er sie ziemlich vermisste. Er war ein herzlicher Typ und trotzdem wollte ich alleine gehen, wusste nur nicht, wie ich ihm das nett sagen konnte.

Danach erklommen wir die Berge von Leon, wo der Camino auf acht Kilometern bis zu seinem höchsten Punkt ansteigt. Das Gebirge ist ziemlich massiv, allerdings nicht übermäßig steil und das Panorama nahezu atemberaubend.

Gegen elf Uhr kamen wir zum Cruz de Ferro, das fünf Meter hohe Eisenkreuz auf einem riesigen Haufen, auf den Pilger und Pilgerinnen gemäß der Tradition symbolisch Steine und damit ihre Sorgen und Sünden, die sie auf dem Weg mit sich getragen haben, ablegen und gleichzeitig hinter sich lassen. Es war ein bisschen voll, aber ich nahm mir Zeit für mich, betete, legte eine mitgebrachte Kachel-Scherbe aus einer Baustelle in Toulouse an den Fuß des gewaltigen Steinhügels und weinte. Es war ein schönes, friedvolles Loslassen. Sylvain umarmte mich: »Es wird alles gut.«

Dann verbrannte ich meine Herzschmerzgeschichte, die ich in Lourdes aufgeschrieben hatte. Ich war total überwältigt. Als das Papier brannte, fühlte es sich an, als würde ein Stück Realität zurückkehren. Es war wirklich vorbei und alles war anders. Was geschehen war, war komischerweise erst in dieser Stunde zur Vergangenheit geworden.

 122

Eine kleine Geste mit großer Bedeutung. Es waren meine Worte, meine Sichtweise und mein Schmerz, den ich in Brand gesetzt hatte, und danach war es vor meinen Augen verschwunden.

Ich blieb noch länger dort stehen und erkundete das neue Gefühl. Dann verabschiedete ich mich von Sylvain, weil ich wirklich Zeit für mich brauchte, und flog los! VERDAMMT FREEEI! Ich hatte mich endlich selbst befreit. Früher oder später musste ich einsehen, dass niemand diesen Weg für mich gehen konnte. Und genau das tat ich. Ich jubelte laut, rannte, sang und tanzte durch eine spektakulär schöne Berglandschaft, und es ging bis Molinaseca wirklich nur noch bergab! So fühlte sich also pure Freiheit an. Es gab keinen Weg mehr, keinen Körper, kein Ich.

Am Morgen hatte ich noch über das Sein nachgedacht und wie ich sein könnte. Mein Selbst sollte ein Fluss sein. Oder das Meer, wie die Ostsee in meiner Heimat. Das bedeutete für mich, Leben offen zuzulassen, Gefühle zu akzeptieren und zu empfangen, Gedanken fließen zu lassen. Ich dachte auch daran, dass Peer meinte, mein Seelentier könnte ein Schmetterling oder Kolibri sein: glücklich, flatternd, bezaubernd, aber auch so zerbrechlich. Er selbst wollte ein majestätischer Adler sein, der frei über dem irdischen Geschehen kreist. Aber warum sollte ich denn nicht auch eine Königin der Lüfte sein können?

Letztendlich fühlte es sich so an, also ob mir Flügel wuchsen und ich ging sechsundvierzig Kilometer in zwölf Stunden (von 6 bis 18 Uhr). Trotz der Schwierigkeiten wollte ich Peer danken, denn es war wichtig, dass ich mich meinen Verlustängsten stellte. Nach dem Cruz-de-Ferro-Erlebnis fühlte ich mich, als wenn alles möglich wäre. Ich wollte nicht mehr stehen bleiben.

22. Tag:

Von Camponaraya nach Trabadelo
(23,6 km)

Eine erfrischende Begegnung mit der Natur nach
einem anstrengenden Wandertag.
#PRILGRIMMOMENTS

An jenem Tag hatte ich wieder Selbstzweifel, Gefühle sind doch ein ständiges Auf und Ab, und ich gab es auf, Peer einholen zu wollen. Besonders weil er es mir direkt riet. Wir hörten ebenfalls auf zu schreiben. Stattdessen versuchte ich wieder offen zu sein, allerdings wofür? Ich fühlte mich verwirrt, kaputt und unmotiviert. Es war an der Zeit, langsamer zu gehen. Immerhin waren es meine Ferien und ich sollte die Zeit für mich nutzen.

Der Weg war außerdem so anstrengend, dass ich spanisches Radio hörte, um mich abzulenken. Doch das funktionierte leider nicht, ich fühlte mich immer noch einsam. Der einzige Vorteil war, dass ich inzwischen nicht mehr an Amit dachte. Wie ironisch das Schicksal war: Ich machte mich auf den Camino wegen eines gebrochenen Herzens, damit der Weg es heilte und dann noch einmal brach.

Deswegen beschloss ich, einen kürzeren Tag einzulegen und machte schon gegen vierzehn Uhr Rast in Trabadelo. Es gab zwar eine Municipal-Herberge, aber ich folgte dieses Mal lieber einem schönen Schild, das ich gesehen hatte. Das Casa Susi war genau das, was ich dann brauchte: ein Zuhause-Gefühl, Einzelbetten, Ruhe bei nur zwölf Leuten. Die Atmosphäre war besonders und ich ließ mir viel Zeit, um mich um mich selbst zu kümmern und meine wunden, aufgescheuerten Schultern nach dem Duschen einzucremen. Irgendetwas war immer beschädigt an meinem Körper.

Nach erholsamen zwei Stunden Schlaf setzte ich mich noch eine Weile an den Fluss hinter dem Haus, bevor wir alle zusammen zum Abendessen hausgemachte Gazpacho (kalt servierte Suppe) mit Tomaten aus dem Garten aßen.

Die Runde war nett und am meisten beeindruckte mich die Besitzerin der Unterkunft, Susi. Sie kam aus Australien und war eine inspirierende

Power-Frau: 2012 ging sie den Camino zum ersten Mal und dann zehnmal in den folgenden drei Jahren! Dabei wollte sie unbedingt auf dem Weg ein Zuhause für sich finden und erst im letzten Versuch fand sie einen Stall, der perfekt war. Voriges Jahr kam ein Architekt aus Pamplona als Pilger vorbei, sie verliebten sich und sind es immer noch.

Ich freute mich für sie und stellte mir erneut vor, wie es wohl wäre, auf dem Camino zu bleiben und ein Teil davon zu werden. Das war ein Traum! Tatsächlich gab es in einigen Regionen Häuser zu verkaufen, erzählte Susi.

Nach einem derart ruhigen Abend (nur mit schöner Live-Gitarrenmusik) schlief ich gut und hoffte auf einen besseren nächsten Tag.

23. Tag:

Von Trabadelo nach Fonfría (30,5 km)

Ein Panorama von Galicien auf dem Weg nach Fonfria.
#THEBEAUTYOFSPAIN

Teilweise lief es sich wieder besser. Ich startete mit zwei Brasilianern, die auch an Schulen arbeiteten und interessante Forschung dazu betrieben. Nach vielen kleinen Dörfern kam ein steiler Aufstieg über Bergpfade, dann der Grenzstein zu Galicien und endlich überwanden wir den Pass bei O Crebreiro. Dabei traf ich Lara und Mailey wieder (Mailey war meine Zimmermitbewohnerin in Tardajos gewesen).

Ich gönnte mir einen leckeren Schokoladencrêpe und eine Cola. Dann musste ich mir eingestehen, dass meine Gedanken immer noch durchhingen. Obwohl ich es alleine schaffen wollte, brauchte ich Hilfe. Zum Glück hatte ich tolle Freunde.

Meine Mutter schrieb: *Sei nicht traurig. Denk an das Auf und Ab des Lebens. Wenn das Kummer ist, der dir den Weg versperrt, dann spring einfach drüber. Lass dich nicht herunterziehen. Du warst so glücklich und zufrieden.*

Auch mein Wohnheim-Mitbewohner und einer meiner besten Freunde, Felix, fand tröstende Worte in einer Textnachricht: *Dir ging es so gut, wie schon lange nicht mehr, und du bist absolut frei. Dass das Pilgern nicht leicht wird, war dir doch klar, als du losgegangen bist. Ich glaube, es hat dir schon geholfen. Jetzt aufzugeben wäre nicht das, was du willst. Geh es leichter an und bald bist du wieder in Schwung. Du hattest so viele gute Tage und hast so viele tolle Leute kennengelernt. Aber eine schlechte Erfahrung bedeutet nicht, dass jetzt nur noch solche kommen. Im Gegenteil, ich bin mir sicher, dass es besser wird. Und war das alles, was du dir von der Reise erhofft hattest?*

Gute Frage. Darüber musste ich nachdenken und zog als Zwischenfazit: *Ich weiß nicht. Immerhin bin ich über Amit hinweg und ich kann mich selbst wieder lieben. Es stimmt, dass ich wirklich beeindruckende Menschen getroffen habe. Ich hatte Schmerzen inmitten der schönsten Landschaften, die ich je gesehen habe.*

Das war schon viel mehr, als ich mir davor vorstellen konnte. Und ich war doch immer so offen …

Felix fragte noch, ob ich es später bereuen würde, wenn ich zu dem Zeitpunkt aufhören würde. Ich antwortete: *Wir wissen beide, was die Antwort darauf ist. Und genauso wissen wir, wie emotional ich trotzdem gerade bin. – Du bist Dory, du schaffst das!*

Lilli schickte folgende Nachricht: *Du bist schon so weit gekommen! Durch all die Begegnungen, die Landschaft und auch die Grenzerfahrungen hast du dich wiedergefunden. Es wird wieder bessere Momente geben. Peer mag dir geholfen haben, aber Gott macht keine Fehler. Ich hab dich lieb!*

Von meiner Camino-Schwester Vida bekam ich ein Foto mit einer weißen Rose: *Sweetheart, ich schicke dir Blumen. Wurde dein Herz von Peer geheilt? Oder von dem Grund, für den du hergekommen bist? Es geht um dich und nicht um ihn. Er hat dir nur das Glück gezeigt, das du in dir trägst, und das war ein großes Geschenk. Vielleicht kam er nur in dein Leben, um dich an die Gefühle zu erinnern, die du vergessen hattest. Ich kann verstehen, dass es schwer ist, aber lass ihn gehen. Wenn ihr euch wiedertreffen sollt, dann werdet ihr das. Wenn nicht, bewahre die Erinnerung an das Gefühl, das er in dir ausgelöst hat. Es soll dein Pfeil sein, der dir den richtigen Weg zeigt.*

Das war ein wunderbares Bild des Caminos, denn wir folgten immer den gelben Pfeilen nach Santiago. Ich hatte mich so daran gewöhnt, dass ich ihnen vertraute und es auffiel, wenn man für längere Zeit keinen gesehen hatte.

Ich war unendlich dankbar für jede einzelne Nachricht und letztendlich gaben sie mir die Kraft, weiterzugehen. Natürlich brauchte ich etwas Zeit, um den ganzen Sinn für mich einzuordnen. Aber ich wusste intuitiv, dass sie recht hatten. Leben bedeutet zu lernen. Peer war womöglich die Prüfung, ob ich bereit war, wieder mehr für einen Menschen zu empfinden. Dazu gehörte eben auch das Loslassen. Genau diese Lektion wollte und musste ich auf dem Weg lernen.

Auf den letzten Kilometern nach Fonfría traf ich Matteo, einen witzigen Italiener, fünfundzwanzig Jahre, Molekularbiologie-Student. Wir verstanden uns sehr gut und somit war es für mich in Ordnung, langsamer zu gehen. Wir checkten in die gleiche Luxus-Herberge ein, duschten (getrennt) und entspannten uns dann zusammen auf den Liegestühlen im Garten. Er redete auch gerne, obwohl er nicht immer die richtigen englischen Worte fand. Das Abendessen und der Wein später waren richtig lecker und insgesamt herrschte eine gemütliche Atmosphäre zwischen uns.

Danach lagen wir noch auf einem Sofa in einem Gemeinschaftsraum und hörten Live-Gitarrenmusik. Sein Kopf lag freundschaftlich auf meinem Bauch und er erzählte mir von seiner Ex-Freundin. Ich lächelte wissend, aber musste meine tragische

Herzschmerzgeschichte nicht mehr loswerden. Sie hatte sich geändert. Zwischen Matteo und mir gab es auch keine zweideutigen Gefühle, nur Frieden. Schon um kurz nach neun schliefen wir in dem großen Schlafsaal, beide oben in aneinandergrenzenden Etagenbetten. Ich wachte zwar später von den vielen Menschen auf, die auch zu Bett gingen, aber alles in allem war es eine erholsame Nacht.

24. Tag:

Von Fonfría nach Barbadelo (32,6 km)

Ein Meilenstein kündigte die letzten 100km
von 800km an.
#UNBELIEVABLE

Das erste Stück des Tages ging ich ganz allein, auch ohne Licht, nur mit Gottvertrauen. Dabei dachte ich über vieles nach, entschied endlich, meine anstehende Lateinklausur abzumelden, weil es mir Angst und Stress bescherte und ich es lieber gut machen wollte.

Galicien sagte mir sehr zu. Es war viel grüner als Kastilien, wenn auch bergiger. Irgendwann gabelte sich der Weg in zwei Alternativrouten

 133

und dort traf ich die beiden Russen Mischa und Viktor. Sie waren sehr freundlich, in meinem Alter und hatten ein flottes Tempo. Dazu waren sie so cool, dass sie die einzigen Pilger in Jeans waren. Es war auch erst ihr dritter Tag, denn sie waren in Ponferrada gestartet.

Solche Pilgernde, die nur das Endstück des Weges gingen, waren irgendwie anders. Für sie war der Camino mehr ein Abenteuer oder ein Spaß und oft verstanden wir einander nicht. Leider gab es davon immer mehr, je näher man Santiago kam. Eigentlich war so eine Trennung nicht im Sinne der Pilgergemeinschaft, doch sie hatten ihre Chance gehabt und wirkten zu oberflächlich auf mich. Wie konnte man mit vollem Make-up pilgern? Ohne zu schwitzen? Oder sein Gepäck fahren lassen? Am schlimmsten waren die Busscharen, sogar mit Kindern. Oft hatte ich das Gefühl, dass jene 100-km-Pilgernde nur dort waren, um es einmal gemacht zu haben. Dann kann man wenigstens sagen, dass man auf dem Camino gepilgert ist. Aber das ist nicht dasselbe.

Insgesamt ging es mir wieder besser. Außer, dass wir lange nach Essen suchen mussten. Gegen Mittag waren wir in Sarria, die fast 100-km-Endspurt-Marke. Das zog noch mehr Touristen an. Ich bekam endlich Internetempfang, nachdem wir durch ländliche Gegenden und Berge gewandert waren ohne auch nur einen einzigen Strich bei der

Empfangsanzeige auf meinem Handy. Peer hatte eine schöne Nachricht geschrieben – er sei in Sarria. Natürlich blieb mein Herz kurz stehen, dann tat ich alles, um ihn noch einmal zu sehen, doch vergeblich. Als er eine halbe Stunde später zurückschrieb, war er schon fast am Flughafen und wir hatten uns ganz knapp verpasst.

Das fanden wir beide traurig, dennoch machte mich sein Abflug freier. Ich musste ihm nicht mehr hinterherlaufen. Dann ging ich weiter mit Mischa und Viktor, die inzwischen gegessen hatten. Am Ende des Tages stieg ich in der öffentlichen Albergue in Barbadelos ab, wo nur fünf Pilger waren.

Ich duschte in den Unisex-Duschen hinter einem Vorhang und tatsächlich kam ein Mann rein, doch ging auch wieder – wie ein Gentleman. Dann wusch ich draußen meine Wäsche, als überraschend Raphael vorbeikam. Julia war mittlerweile wegen einer Fersenentzündung mit dem Fahrrad unterwegs, erzählte er, und Justus machte schon wieder Urlaubspausen. Er genoss wohl eine Badewanne und ein weiches Doppelbett, auf dem man sogar quer liegen konnte, in einem privaten Hotelzimmer. Er genoss solche Dinge so sehr, dass er auch auf dem Camino nicht darauf verzichten konnte.

Raphael und ich freuten uns über das Wiedersehen und er lud mich zum Essen in seine bessere, private Herberge ein. Das war wirklich lieb von ihm.

Um neunzehn Uhr traf ich also Raphael und mit uns am Tisch saß Thomas, ein geselliger Typ, der aussah wie Harry Potter. Er war auch erst in Ponferrada gestartet und noch ganz übermütig. Das Essen schmeckte hervorragend (Kürbissuppe, Hähnchen mit Pommes, Kuchen) und unsere Gespräche waren ausgelassen und fröhlich. Gegen halb zehn musste ich zurück, ich schlief unruhig in dieser Nacht. Schnarchen und gemischte Gefühle über meinen Plan, in drei Tagen in Santiago zu sein, hielten mich wach. Konnte das passieren? Wie würde das sein? War ich bereit? Würde das das Ende oder doch ein Anfang sein?

Ärgerlicherweise hatte die Hospitalera vergessen, mir einen Stempel in meinen Pilgerpass zu geben, wie mir noch auffiel. Doch jetzt war es zu spät und ich konnte nur hoffen, dass es trotzdem zählte, denn man musste seinen Pilgerpass mit den Unterkünften vorzeigen, um eine offizielle Urkunde über den Weg zu erhalten.

25. Tag:

Von Barbadelo nach Palas de Rei
(39,4 km)

Die 50 Meter hohe Brücke nach Portomarin.
#BUILDINGBRIDGES

Zusammen mit Raphael startete ich in den Tag und er war wie immer zügig unterwegs. Morgens wanderten wir auf der Landstraße durch atmosphärischen Nebel und gönnten uns später ein ausgezeichnetes Frühstück inklusive Aussicht. Es war wirklich angenehm, mit ihm zu gehen, denn er war offen, witzig und einfach unterhaltsam. Gegen Mittag erreichten wir Portomarin, allerdings mussten wir dorthin die höchste Brücke überqueren, die ich je gesehen hatte. Fast fünfzig

Meter! Ich hatte zwar Respekt davor, aber Raphael hatte extreme Höhenangst und lief vor mir her, ohne runterzuschauen oder stehen zu bleiben. Respekt!

Portomarin ist ein schönes Städtchen, besonders bewundernswert ist die Tatsache, dass die Stadt mitsamt ihrer Kirche aus dem 12. Jahrhundert in den 1960er Jahren wegen eines Stausees höher verlegt werden musste. Nach dem Mittag schaute ich mir natürlich besagte Kirche an, doch Raphael sparte sich das und wir trennten uns vorerst. Wir waren beide der Meinung, dass sich die Kilometer in die Länge zogen.

Ich hatte mir als ambitioniertes Ziel Palas de Rei gesetzt, um komfortabel in zwei Tagen nach Santiago zu kommen. Letztendlich legte ich fast vierzig Kilometer zurück. Danach stieg ich erschöpft in die erste Albergue ab, die ich finden konnte. Es gab fünfzig Betten in einem Schlafsaal, doch zum Glück war es nicht voll besetzt und insgesamt sehr neu und sauber.

Beim Einkaufen im Supermarkt traf ich Mischa und Viktor wieder. Sie trugen immer noch ihre Jeans. Außerdem starrte mich ein Mädchen entsetzt an, so als hätte sie noch nie eine humpelnde, verschwitzte, dreckige, hungrige Pilgerin gesehen. Ja, mein Tag war sehr hart gewesen. Selbst als ich sie anlächelte und mit »Hola« grüßte, half das nichts. Am Ende des Tages stand ich aber über derartige Angelegenheiten.

Es war Samstag und das war schon immer mein Lieblingstag in der ganzen Woche. Ich vermisste das große Familienfrühstück zu Hause und ich vermisste es auszuschlafen, ganz für mich allein in meinem Bett. Stattdessen genoss ich ein gutes Vollkorn-Meterbrot mit Gurke, Tomate und Tierno-Käse aus Ziegenmilch. Zuvor hatte ich allerdings in einer Hungerattacke zu viele Schokorollen gegessen, sodass ich das Brot nicht schaffte und ein Stück davon dem netten Hospitalero gab, der zwar wenig Englisch sprach, sich aber ehrlich freute. Teilen ist so wichtig.

26. Tag:

Von Palas de Rei nach Santa Irene (42,9 km)

Ich im großen Schlafsaal der Albergue in Palas de Rei, der typisch für öffentliche Herbergen ist.

#ZZZZZ

Ich ging wieder allein und das war auch gut so, denn die Waldlandschaft war wunderschön und so konnte ich sie mehr genießen. Außerdem stellte ich erneut fest, dass die meisten der Kurzstrecken-pilger, die ich traf, weniger auf der Suche nach Sinn waren. Nichtsdestotrotz wollte ich nicht die Rolle der konservativen Predigerin einnehmen und entschied mich für mehr Verständnis.

Ich wollte nach A Salceda und traf auf den

 140

letzten Kilometern Anna aus London, die ihren Anwaltsjob aufgegeben hatte und eigentlich auch Lateinlehrerin werden wollte. Das war Fügung. Wir verstanden uns fantastisch. Leider war sie in den Regierungsdienst berufen worden. Normalerweise besteht damit eine Verpflichtung zur Erfüllung dieser dienstlichen Aufgaben, von denen man sich nur aus gesundheitlichen oder familiären Gründen entziehen kann. So musste sie doch Anwältin bleiben, anstatt ihren Traumberuf zu verfolgen. Als sie eine Pause machte, lief ich weiter.

In A Salceda hatte ich eine sehr enttäuschende Erfahrung. Die beiden Herbergen waren bereits voll und ich bekam keinen Schlafplatz. Ich wusste, dass es dem Hospitalero sehr leidtat, und doch wurde ich sehr verzweifelt und wütend. Es war nach einem derartigen Tag eine Katastrophe: Ich hatte ihn mit einer Schmerztablette angefangen, nach sechs Stunden ließ die Wirkung nach und das Endstück war wirklich schmerzhaft gewesen. Natürlich war ich dadurch hungrig und frustriert, kurz: extrem genervt. Die Nachricht, dass jene Touristen, die sowieso nur zehn Kilometer am Tag liefen, mir meinen Schlafplatz weggenommen hatten, regte mich zutiefst auf. Das Leben war mit einem Mal wieder unfair und am schlimmsten war es, dass ich mich unfrei fühlte. Dabei sollte nichts und niemand das Recht haben, mir meine Laune zu verderben. Was konnte ich tun?

 141

Ich entschied, dass ich weitermusste, und lief verärgert zusätzliche fünf Kilometer. Dabei rief ich aufgebracht meine Familie an. Die hatten wenigstens Mitleid. Total kaputt kam ich irgendwo an und schaffte es gerade so in die Dusche. Essen musste auch noch sein, also ging ich in das Restaurant in der Nähe und lernte Johanna aus Österreich kennen, mit der ich mich zum Glück gut unterhalten konnte.

Der Abend war jedoch kurz für mich, weil ich so übermüdet war. Dennoch kam ich nicht umhin, vor dem Einschlafen aufgeregt an mein morgiges Ziel zu denken: Santiago!

27. Tag:

Von Santa Irene nach Santiago de Compostela (23,5 km)

Mein ausgefüllter Pilgerpass und meine
Compostela-Urkunde.
#ADREAMCOMETRUE

An jenem Morgen ging ich erst nach halb acht los. Es sah nach Regen aus. Aber die ersten Kilometer waren wie immer gut, wenn auch sehr voll mit Pilgern. Die Stimmung war trotzdem ruhig, fast schon andächtig. Ich erlaubte mir zehn Kilometer vor Santiago eine Pause, um die innere Vorfreude zu genießen.

Ich fühlte mich inzwischen bereit, anzukommen. So bereit, wie man nach achthundert Kilometern sein konnte. Ganz bewusst ging ich weiter, achtete auf meinen Atem, überholte viele Menschen und war ganz zufrieden mit meinem Fortschritt. Irgendwann fehlten die Kilometerangaben am Wegesrand, aber ich fühlte, dass ich dem Ziel immer näher kam. Dabei genoss ich das Gefühl, ganz in der Gegenwart zu sein.

Während des Abstiegs vom Monte de Gozo (Berg der Freude) sah ich zum ersten Mal Santiago von Weitem und es rührte mich zu Tränen. Das war ein sehr emotionaler und überwältigender Moment für mich. Es fühlte sich so an, wie bei mir selbst anzukommen. Zu Hause. Ich wusste sofort, dass jene Stadt in der Ferne Santiago war. Zum Glück war ich von dort bis in die Stadt für mich alleine und weinte vor Freude und Unfassbarkeit.

Der Rest des Weges führte bergab und immer wieder sagte ich mir, dass ich endlich da war. Ich hatte es tatsächlich geschafft. Gegen kurz nach zwölf erreichte ich die barocke Kathedrale von Santiago – sie war wunderschön. Ich saß wie alle Pilgernden auf dem Platz davor und weinte immer noch. Dann machte ich Beweisfotos und rief zuerst meine Mutter an, die sich wahnsinnig freute und mir sagte, dass sie sehr stolz auf mich sei. Sie hatte auch den ganzen Vormittag online die Videoübertragung auf dem Kathedralenvorplatz beobachtet.

Als Nächstes informierte ich meinen Vater, der auf der Arbeit war und nicht damit umgehen konnte, dass ich weinte und kaum sprechen konnte. Ich war total ergriffen und überglücklich und erleichtert und freudig und alles auf einmal. Träume werden wirklich wahr!

Gegen dreizehn Uhr ging ich auf Albergue-Suche, die meisten waren natürlich teuer. Die Unterkunft Estrella Santiago hatte ich schon auf dem Weg gesehen und zum Glück gab es dort noch einen Platz für zwölf Euro. Dort entspannte ich mich und nahm mir Zeit, richtig anzukommen. Es war zwar nur ein Montag, doch genau drei Monate vor Heiligabend.

Am Nachmittag schaute ich mir die Kathedrale auch von innen an. Das Weihrauchfass hatte ich mir größer vorgestellt, ansonsten gab es ganz viel Gold. Selbstverständlich umarmte ich die Statue des Apostels Jakobus, dem Namensgeber des Jakobsweges. Die Krypta zu besuchen war mir ebenfalls wichtig und dann gab es noch eine kleine Gebetskapelle.

Ich betete, dass dieser Segen und die Erfüllung meines Herzens, die der Camino mir geschenkt hatte, mein ganzes Leben anhielt. Es waren definitiv unvergessliche Erinnerungen. Auch wenn das Leben, realistisch betrachtet, nicht durchgehend schön ist. Doch das war mein Pilgerweg auch nicht, da musste man wie im echten Leben eben durch. The only way is through. Das Leben ist ein Camino!

Genauso betete ich um Segen und Beistand für meine Familie und Freunde. Ich war glücklich, dass sich alle ehrlich mit mir freuten. Es war wie im Paradies!

Als Nächstes machte ich mich auf den Weg, meine Compostela (die Pilgerurkunde) abzuholen. Das Pilgerbüro war für mich schwer zu finden und in der Tat stand ich eineinhalb Stunden dort an. STEHEN – das war ungewohnt und sogar schmerzhaft. Aber dabei konnte ich nachdenken und genießen. Da kam mir der Gedanke, dass ich das auch zukünftig so machen könnte – wann immer ich auf etwas warten muss, nutze ich die Zeit, um innezuhalten, um im Moment zu sein.

Endlich war ich an der Reihe. Ein junger Spanier kontrollierte entspannt meinen Credencial (den Pilgerpass mit den Stempeln der Herbergen) und stellte bewundernd fest, dass ich echt schnell gewesen war. Danach trug er handschriftlich meinen lateinischen Namen in die Urkunde ein. Das war für mich als zuweilen verzweifelte Lateinstudentin eine ganz besondere Ehre. Die offizielle Bestätigung zu bekommen, war ein großartiges Gefühl, und ich war vor allem auch stolz auf meinen Körper, der mich so weit getragen hatte. Sogar über viele meiner Grenzen hinaus. Doch diese Grenzen sind oft nur im Kopf.

Währenddessen war es achtzehn Uhr geworden und ich aß in einem Fast-Food-Restaurant einen

Burger mit Pommes, obwohl ich meinem Körper versprochen hatte, gesünder zu leben. Nach den vergangenen vierundzwanzig Tagen konnte ich jedoch ehrlich behaupten, dass ich mir sonst nichts gönnte.

Am Ende dieses intensiven, erhebenden und vielleicht besten Tages blieben mir nur noch der Einkauf, die Dusche und etwas Zeit für mich und mein Tagebuch. Ich musste genug schlafen, denn am nächsten Tag ging es noch weiter, die Ehrenrunde nach Finisterre (dem Ende der Welt)!

Dory, du bist großartig, gratulierte Peer später per Textnachricht und ich schlief mit dem breitesten Grinsen der Welt ein. Ich hatte es nach Santiago geschafft und diesen Frieden konnte mir keiner nehmen. Jeder war dort, wo er sein sollte. Zu guter Letzt hatte auch ich meinen Platz gefunden. Es war überwältigend!

 147

28. Tag:

Von Santiago de Compostela nach Vilaserio (33,5 km)

Die Türme der Kathedrale von Santiago de Compostela
am morgendlichen Horizont, während ich weiterging.

#NOTOVER

Immer noch vor Freude strahlend, machte ich mich am nächsten Morgen gegen sieben Uhr erneut auf den Weg. Da ich schneller als geplant in Santiago angekommen war, hatte ich beschlossen, den Camino bis zu seinem Ende ans Meer zu gehen. Weiter ging es dann wirklich nicht. Es lief sich sehr gut, weil ich motiviert und das Terrain einfach war, auch wenn der Weg aus Santiago heraus nicht gut ausgeschildert war. Doch bald

 148

standen wieder die gewohnten Meilensteine am Rand des Weges.

Ich sah von Weitem, wie die erste Morgendämmerung Santiago verzauberte, und konnte sogar die Kathedrale am heller werdenden Horizont erkennen. Das war ein wunderschönes Bild. Außerdem musste ich durch einen dunklen Eukalyptuswald. Die Baumart kannte ich aus meinem Reiseführer und es roch tatsächlich leicht nach Halsbonbons. Als ich mir meinen Weg suchte, hielt ich nach Koalas Ausschau, auch wenn ich wusste, dass sie in Spanien nicht existierten. Es war einfach ein lustiger und absurder Gedanke für mich, durch einen großen Eukalyptuswald in Europa zu wandern. Zum Glück ging ich den ganzen Tag allein, denn es gab keine Pilgerscharen mehr, sondern nur vereinzelte Wanderer.

Landschaftlich führten mich die dreiunddreißig Kilometer an jenem Tag durch Berge mit Wäldern und an unzähligen Maisfeldern vorbei. Dort musste ich natürlich rein und ein Selfie machen. Schon morgens hatte ich einen erleuchtenden Gedanken: Ich war durch meinen Camino zur Glückssucherin geworden und wollte mehr Glücksmomente in meinem Leben sammeln. Und ein Glückseimer für die Welt sein, damit andere diese Erfüllung auch spüren könnten. Ich hatte ebenso gelernt, dass Glück von innen kommt, und das wollte ich nie wieder vergessen.

 149

In diesem Sinne stoppte ich in einem Refugio in Vilaserio, das eher baufällig und dreckig war. Es gab nur ein paar alte Turnmatten auf dem Boden. Luxus war es, wenn man zwei übereinanderstapelte, so wie ich es tat. Oder war es bereits wegen der Fliegen außerhalb meiner Komfortzone? Der Tiefpunkt war allerdings die Nachricht, dass das Wasser ausgefallen war. Glücklicherweise hatte ich bereits geduscht und meine Sachen gewaschen. Aber das bedeutete auch: keine Toilette oder Trinken in der Nacht.

Zum Abendessen wählte ich in einem Restaurant in der Nähe das Pilgermenü mit Pasta UND Pizza sowie dem allerleckersten Apfelkuchen als Nachtisch. Ein guter Weißwein durfte auch nicht fehlen. Dann war es auch schon Schlafenszeit. Wenn man nur ausreichend müde ist, kann man sowieso fast überall schlafen.

29. Tag:

Von Vilaserio nach Logoso (27,3 km)

Der Sonnenaufgang bei Vilaserio über einem Stoppelfeld.
#AUTUMNVIBES

Die Nacht war doch wortwörtlich sehr hart. Nachts wachte ich deshalb auf und konnte danach nicht mehr einschlafen. Am nächsten Morgen fühlte sich mein Körper gar nicht jung an, sondern eher wie der meiner Oma, die kaum noch laufen konnte. Trotzdem startete ich gegen sieben Uhr und beeilte mich, die folgenden acht Kilometer zum nächsten Dorf mit einer Bar inklusive

 151

Toilette zu schaffen. Der Sonnenaufgang war immerhin wunderschön und ich kam gut voran.

Schon um vierzehn Uhr erreichte ich mein Tagesziel. Die nächste Unterkunft war zu weit, Finisterre erreichte ich sowieso am folgenden Tag und kurze Tage mit Freizeit gefielen mir auch. Es war eine neu renovierte Herberge und das schätzte ich nach der vorherigen Erfahrung umso mehr. Mein Reiseführer empfahl mir diese Unterkunft (Hospital de Logoso), für die man sich in einer Bar anmeldete und dann dorthin gefahren wurde. Die Besitzer waren wie überall auf dem Camino sehr freundlich.

Nach meiner Ankunft dachte ich darüber nach, wie überraschend es war, sogar bis nach Finisterre zu wandern. Das war zuerst gar nicht auf meinem Plan gewesen. Gleichzeitig fühlte es sich komisch an, dass der morgige Tag mein letzter Wandertag sein sollte. Doch das wortwörtliche Ende der Welt faszinierte mich. Eigentlich wollte ich die Zeit im Quartier zum Entspannen und Reflektieren nutzen, aber dann kam Maria, eine Deutsche, und wir unterhielten uns gut. Sie war Journalistin und eine angenehme Gesellschaft, also aßen wir auch zusammen zu Abend.

Als ich später im Bett lag, fiel mir noch etwas Wichtiges auf: Ich erinnerte mich, dass ich noch vor der Reise manchmal zweifelte, ob ich Amit selbst am symbolischen Ende der Welt vergessen

 152

könnte. Zu dem Zeitpunkt hatte ich noch nicht einmal von Finisterre gehört, weil ich so auf den Hauptweg nach Santiago fokussiert war. Nun war es unerwartet so gekommen. Obwohl ich noch nicht ganz dort war, wusste ich, dass der Weg mich wirklich geheilt und verändert hatte.

Meine Gefühle für Amit waren verblasst. Meine Gedanken richteten sich wieder auf mein Wohlbefinden. Ich war endlich nur mit mir selbst glücklich. Das war ein großer, bedeutender Fortschritt. Nach einem Monat lagen fast tausend Kilometer, die sich wie Welten anfühlten, zwischen der Trauer und dem Glück in mir.

Ich fühlte mich zwar im Angesicht des Endes meiner Pilgerreise auch melancholisch und betrübt, allerdings überwogen Dankbarkeit und Freude.

30. Tag:

Von Logoso nach Fisterra (27,1 km)

Meine gesammelten Jakobsmuscheln am Strand
von Finisterre.
#HAPPINESS

Finis Terrae (oder auf Galizisch: Fisterra) – das
Ende der Welt, ebenso das Ende meines Weges.
Ich kam wieder in Frieden an. Den ganzen Tag
verbrachte ich schweigend, ausgenommen von einigen Grüßen. Es gab nichts mehr zu sagen, denn
ich war auch am Ende meiner Worte.

Am Morgen staunte ich, dass ich mich inzwischen in zwanzig Minuten im Dunkeln wander-
fertig machen konnte. So brach ich schon gegen

halb sieben auf, machte noch einen Frühstückshalt und startete dann die letzten knapp dreißig Kilometer. Ich folgte dem Weg blind durch den Nebel, der sich mit der Nähe des Meeres verdichtete, vertraute meinem Herzen und genoss die Einsamkeit mit Gott und der Welt. Bis Cee (15 km in drei Stunden) hatte ich mein Smartphone ausgeschaltet und blieb nicht einmal stehen.

Es war unglaublich, dass mein erster Camino zu Ende gehen sollte. Für mich war es die allerbeste, intensivste, heilendste, erfüllendste und auch härteste Erfahrung in meinem Leben. Ich schuf bleibende Erinnerungen und fühlte mich dafür verantwortlich, mich so glücklich zu erhalten und mein Glück aktiv zu kreieren. Das hieß auch, die schweren Tage nicht zu schwer zu nehmen. Niemals aufzugeben. Zu glauben, zu lieben, zu hoffen.

Meine Gedanken schweiften manchmal zu Peer, denn er hatte auf meine letzten tausend enthusiastischen Nachrichten nicht geantwortet. Wahrscheinlich hatte der Alltag ihn wieder eingeholt. Oder ein After-Camino-Blues. Meine Ankunft in Santiago hatte jedoch meine nervige Sehnsucht beruhigt und ich hatte akzeptiert, dass Peer nur ein Wegweiser gewesen war. Das Leben ging für uns beide anders weiter. Das war ein ermutigender Gedanke.

In Cee kaufte ich etwas mehr ein: Wasser, Chips, Gebäck, Schokolade, eine Kerze und Streichhölzer.

 155

Ich hatte beschlossen, die Nacht draußen zu verbringen. Natürlich konnte ich das meiner Familie nicht erzählen, weil sie sich zu viele Sorgen machen würde, und das wollte ich nicht. Leider fragte meine Mama mit ihrer übernatürlichen Intuition zweimal nach, ob ich schon eine Unterkunft hätte. Ich wich jedes Mal aus, aber es stimmte, dass ich keine hatte.

Vor Finisterre gab es eine abgelegene Bucht, die von den meisten Pilgernden auf ihrem Endspurt oder in Bussen ignoriert wurde. Dort nahm ich mir Zeit zum Muschelsammeln wie in meiner Kindheit und schickte Meeresgrüße an meine Familie und Freunde. Danach wanderte man ein ganzes Stück auf einem Sandstrand nach Finisterre, wo ich mir meine zweite Pilgerurkunde holte, die Fisterrana, als Andenken.

Auf dem Weg zwischen dem Städtchen Finisterre und dem Leuchtturm am Ende der Welt traf ich Matteo wieder und wir freuten uns darüber sehr. Wir setzten uns zusammen beim Leuchtturm hin und er weinte vor Überwältigung. Als er wieder zurückwollte, verabschiedete ich mich von ihm, um mir ein ruhiges Plätzchen für das große Finale zu suchen.

Dann saß ich auf den Klippen in der herabsinkenden, orangeroten Sonne. Ich schrieb eine Flaschenpost mit der Geschichte »Spuren im Sand« und hoffte, dass sie jemandem Hoffnung geben

 156

würde. Der Horizont und das Meer waren in dicken Nebel getaucht – ob das ein Zeichen war? – es war eine malerische Szenerie. Am Fuße der Klippen konnte ich die Brandung sehen und hören. Ich war alleine, und das war genau richtig. Aber ich glaubte, dass das Ganze zu groß für mein Gehirn war, um es wirklich ganz zu begreifen. Sieh nur diese Schönheit, fühl nur diese Freiheit!

Nach dem allerschönsten Sonnenuntergang ging ich mit meiner Kerze zurück zum Strand und suchte mir ein Plätzchen in den Dünen. Es war komisch und ein bisschen beängstigend, so allein in der Nacht draußen zu sein. Ich fürchtete auch die Kälte und Nässe. Aber im schlimmsten Fall könnte ich aufstehen und gehen, so wie ich es die letzten Wochen gemacht hatte.

Nach und nach beruhigte ich mich. Der Mond war voll und hell. In der Ferne bellten immer wieder Hunde. Gegen Mitternacht schlief ich tatsächlich etwas in meinem Schlafsack am Strand von Finisterre.

31. – 33. Tag:

Zurück nach Santiago

Die Kathedrale von Santiago de Compostela.
#BOTAFUMEIRO

Die Nacht war noch extremer als gedacht. Von Mitternacht bis sechs Uhr schlief ich immer nur in kurzen Intervallen. Morgens war es wirklich eiskalt und nass, folglich aß ich etwas, ging los und trank einen Tee in einer Beherbergung. Um zwanzig nach acht nahm ich den Bus zurück nach Santiago. Es war ein verstörendes Gefühl, Bus zu fahren, denn es ging mir viel zu schnell. Eine Stunde für die Distanz, die ich in drei Tagen gelaufen war.

In Santiago suchte ich länger nach einer Unterkunft, denn es war noch sehr früh und Wochenende. Schließlich landete ich in der öffentlichen Fin del Camino (= Das Ende des Caminos/Weges), wie passend. Da es ungefähr drei Kilometer vom Stadtzentrum entfernt war, entschied ich mich nur für eine Nacht. Nach einer Dusche und zwei Stunden Schlaf fühlte ich mich etwas besser. Anschließend schlenderte ich eine Weile durch die Stadt, trank spanisches Bier, aß vier Donuts und setzte mich in einen Garten, um das Leben zu genießen.

Dazu gehörte auch, den Pilgergottesdienst zu besuchen. Natürlich war die Kathedrale überfüllt, trotzdem war die Messe wunderbar. Eine Nonne sang engelsgleich und so viele Menschen sangen mit. Ich musste wieder weinen vor Rührung. Als Lesung hörten wir einen meiner Lieblingsbibeltexte: »Alles hat seine Zeit.« Mir wurde klar, dass es in dem Moment eine Zeit für Freude und Freunde war. Und ich freute mich wahnsinnig auf Vida, mit der ich mich am nächsten Tag verabredet hatte, sobald sie in Santiago ankam. Den Rest des spanischen Gottesdienstes verstand ich weniger, aber man konnte dem immer gleichen Ablauf der katholischen Liturgie dennoch folgen.

Ich saß eingequetscht neben Maria, die ich in Logoso kennengelernt hatte und die ein neues Pfeil-Tattoo auf dem Fuß trug. Sie war eine von

 159

vielen, die sich am Ende des Weges tätowieren ließen. Für das gleiche Geld wollte ich mir lieber einen goldenen Muschelanhänger als Erinnerung kaufen.

Glücklich und sorglos schwebte ich zu meiner Unterkunft zurück, um dort mit Wifi und Musik zu entspannen. Es war Freitag und ich hatte mir die Erholung verdient. Ich dachte auch noch kurz an Peer, der nicht viel antwortete und wohl viel arbeitete. Es war schade, dass das seine Priorität geworden war.

Am nächsten Vormittag traf ich Vida an der Kathedrale und wir checkten in die Mundoalbergue ein. Es war eins der teuersten Betten während meiner ganzen Pilgerreise für achtzehn Euro pro Nacht. Doch das konnte meine Freude nicht hemmen, denn ich war frei, hatte Zeit und wir wollten unsere Wiedervereinigung feiern. Zusammen mit Vida ging ich um zwölf Uhr in die Pilgermesse und dort wurde endlich das Botafumeiro (das riesige Weihrauchfass) geschwungen. Ein Traum! Und wieder musste ich weinen.

In der Messe trafen wir auch Julia und Justus und gingen anschließend zu viert Risotto essen. Während im Park neben dem Restaurant eine Zumba-Party stattfand, tauschten wir uns über unsere schönsten und schlimmsten Erlebnisse aus, die wir auf dem Camino hatten. Es tat so gut, diese Geschichten zu teilen, und die Stimmung war einfach nur fantastisch. Raphael war bedauerlicherweise schon wieder nach Zürich abgereist, allerdings hörte ich von Justus mit einem zweideutigen Augenzwinkern, dass Raphael mit Julia eine Nacht im teuersten Hotel Santiagos verbracht hatte (300 Euro pro Nacht). Da erfuhr ich erst, dass er abseits des Caminos ein wohlhabender Manager war.

Nach dem Essen legten Vida und ich uns für einen kurzen Mittagsschlaf hin. Die größte Überraschung sollte jedoch noch kommen. Gegen neunzehn Uhr zog ich los, um mir meinen Muschelanhänger zu kaufen. Ich fand direkt einen Juwelier neben der Kathedrale und dort genau das richtige Schmuckstück: eine goldene, filigrane Jakobsmuschel, die ungefähr einen Zentimeter durchmisst und seitdem zu meinem täglichen Begleiter und meinem Glücksbringer geworden ist. Damit trage ich immer ein Stück Camino bei mir.

Nach erfüllter Mission traf ich Julia auf dem großen Platz vor der Kathedrale. Sie wiederum hatte mir beim Mittag erzählt, dass auch Ladi heute angekommen war und die beiden sich treffen wollten. DER Ladi? Genau! Der witzige junge Mann, den ich am Anfang dreimal getroffen hatte und der mich beim vierten Mal scherzhaft heiraten wollte. Da waren wir also, nur dass er noch nichts von seinem Glück ahnte, weil ich Julia bat, ihn nicht über meine Anwesenheit zu informieren.

 161

Ich wartete aufgeregt mit der Ungewissheit, wie er reagieren und ob er mich überhaupt erkennen würde. Auf einmal sah ich ihn in der Menge und intuitiv lief ich auf ihn zu. Er schaute mich an und ich konnte in seinen Augen den Moment lesen, in dem er mich erkannte und dann spontan seine Arme ausbreitete. Ich sprang hinein. Er war groß und hielt mich ganz fest, direkt vor der Kathedrale von Santiago. Wir mussten nichts sagen, und als er mich absetzte, war Julia zu uns gekommen. Sie schmunzelte.

Wir warteten auf Vida, die ihre Compostela abholte, und Justus, der noch seinen Kater auskurierte. Natürlich trafen alle auch wiederum andere Bekannte. Ich lernte noch Dominik aus der Schweiz kennen, der sehr freundlich, wenn auch eigen schien. So viele kannte ich jedoch nicht, weil ich schnell gelaufen war und besonders auf den letzten Kilometern gerne allein.

Zuerst zogen wir zu fünft los, Ladi und ich unterhielten uns viel und aufgeregt über den bisher längsten Weg unseres Lebens.

»Ich weiß noch, wie traurig du am Anfang in Zabaldica warst«, sagte er. »Umso mehr freut es mich, dich jetzt so glücklich zu sehen.«

Ich lächelte und sagte: »Das Leben schreibt die schönsten Geschichten.«

»Manche Geschichten kann man gar nicht aufschreiben, sondern man muss sie erleben.«

 162

Er hatte so recht.

Dann machten wir uns zu dritt mit Julia auf die Suche nach etwas zu essen. Nach einer Weile landeten wir bei einem Fischmarkt in einem gehobenen Fischrestaurant. Wir fanden einen Tisch draußen in der warmen Abendluft, obwohl ich wirklich immer noch kein Fan von Meeresfrüchten war. Doch Ladi brachte mich mit seinem Charme dazu, das erste Mal in meinem Leben eine Auster zu probieren. Sie schmeckte nach Seewasser und das reichte mir. Den Rest der Austern überließ ich gern den anderen.

Die Hochzeitsidee kam natürlich auch wieder auf und Ladi meinte zwinkernd, dass es nur an den fehlenden Ringen scheitern würde. Es war so angenehm leicht, mit ihm zu reden.

Wir tranken viel Wein und trafen in der nächsten Bar auf Vida, Justus und Dominik. Und tranken noch mehr. Als wir in die Gin-Tonic-Bar, in der Justus bereits öfter abgestürzt war, gehen wollten, verabschiedete Ladi sich leider, denn er wollte früh am nächsten Tag weiter nach Finisterre reisen. Wir hingegen holten uns bei den einheimischen Spaniern am Nachbartisch noch einen Tipp für einen Club, wo wir feiern konnten. Das hatten wir uns verdient.

Vida, Julia, Justus, Dominik und ich legten uns auf dem Weg durch die Nacht in guter Pilgertradition auf den Platz vor der mittlerweile be-

 163

leuchteten Kathedrale und schauten sie kopfüber an. So fühlte sich also Unendlichkeit an. Ich hatte schon ohne Alkohol an Peer gedacht, doch mit Alkohol traute ich mich, es ihm sogar zu schreiben. Doch ich bekam wie so oft keine Antwort.

Wir tanzten im La Quintana direkt neben der Kathedrale und danach im Retablo. Mir gefiel die Musik und es fühlte sich richtig an, auch in den Wanderstiefeln zu tanzen. Es war Ewigkeiten her, dass ich eine Partynacht gehabt hatte. Zudem war es ein krasses Kontrastprogramm nach der Ruhe des Weges. Das alles war für mich Teil der Camino-Erfahrung.

Vida und ich verließen den Club gegen vier Uhr morgens als Letzte unserer Gruppe. Wir schlenderten zurück über den Kathedralenplatz und genossen die Nacht. Als wir schon an unserer Bleibe angekommen waren, setzten wir uns noch auf den Bordstein davor, um weiterzureden. Viel zu lange hatten wir uns nicht gesehen und dabei so viel erlebt. Doch wir waren tief verbundene Camino-Schwestern und ich war sehr dankbar, sie getroffen zu haben. Das war ein Geschenk des Himmels.

Auf meine Frage, ob sie auf dem Weg gefunden hätte, wonach sie gesucht hatte, antwortete sie: »So viel mehr!«

Ich wusste sofort, was sie meinte.

Gegen halb sechs gingen die ersten Pilgerinnen

 164

und Pilger mit ihren Rucksäcken wieder los, daher beschlossen wir, wenigstens ein bisschen zu schlafen. Zweieinhalb Stunden – das war meine kürzeste Nacht. Wieder einmal zeigte sich, dass man glücklich aufwacht, wenn man glücklich einschläft.

Sonntag war mein letzter Tag in Santiago, bevor ich am Montag wieder nach Hause flog. Abschiede sind immer hart. Vida brauchte etwas länger, um ihre Sachen zu packen, denn sie wollte noch weiter Richtung Finisterre. Dann gingen wir mit Ladi frühstücken und ich stellte fest, dass ich ihn wirklich gerne mochte. Es war nur schwer für mich zu unterscheiden, wann er scherzte und wann er etwas ernst meinte.

Da es so schön war, brachte ich ihn noch zum Busbahnhof, während Vida zum zweiten Mal versuchte, ihre Compostela abzuholen. Ladi und ich schlenderten auf dem Camino zurück. Die Sonne schien und ich fühlte, dass wir wieder mitten in Caminocation getaucht waren. Unglaublich, dass wir es wahrhaftig geschafft haben, dachte ich mit einem Lächeln, während ich Ladi neben mir ansah. »Kannst du es schon glauben, Ladi? Wir haben den Camino gemeistert!«

Ladi antwortete nachdenklich: »Nein, das muss ich erst noch verarbeiten. Die achthundert Kilometer – für dich neunhundert – sind am Ende doch wie im Flug vergangen. Ich hätte niemals

 165

gedacht, dass die Gemeinschaft der Pilger so stark sein würde. Das werde ich sicherlich vermissen.«

Ich warf meine letzte Zurückhaltung über Bord und entschied mich, ihm geradeheraus eine wichtige Frage zu stellen: »Wie geht's eigentlich deiner Freundin damit, dass du den Camino ohne sie läufst?«, fragte ich und beobachtete, wie er mich verwirrt anschaute.

»Welche Freundin? Ich habe keine …«, stellte er klar und gleichzeitig sah ich, dass er erkannt hatte, warum ich das fragte. Wir tauschten ein Grinsen aus, aber dann wurde Ladi ernst und wollte wissen: »Was ist mit Peer? Hat er es geschafft?«

»Nein«, antwortete ich, »er musste den Weg abbrechen.« Eine kurze Stille folgte. »Aber das ist in Ordnung. Alles passiert so, wie es passieren soll«, sagte ich und er stimmte mir zu: »Ja, das Leben ist sowieso unvorhersehbar und voller Überraschungen.« In meinem Kopf tauchte unser inniger Moment vor der Kathedrale auf und es schien, als ob Ladi denselben Gedanken hatte, denn sein Lächeln kehrte zurück.

»Ich glaube, erst auf dem Camino habe ich verstanden, dass es wirklich um die kleinen Momente im Leben geht. Es ist so einfach. Wenn du einen kleinen Moment völlig genießt, machst du ihn groß!«, sagte ich überzeugt. »Und was nimmst du vom Jakobsweg mit?«

Als Antwort nahm er wortlos meine Hand und wir wussten beide nicht, was als Nächstes zu sagen wäre. Damit hatte ich überhaupt nicht gerechnet. Mein Herz schlug so aufgeregt und laut, dass er es hören musste. Dabei fühlte sich meine Hand in seiner richtig an. Wie das letzte Puzzleteil, das mir noch gefehlt hatte, um vollkommen angekommen zu sein.

Wir gingen eine Weile, bis wir eine kleine Katze entdeckten und er zu ihr lief, um sie zu streicheln. Ich konnte nicht sagen, wer niedlicher war.

Ein kleines, süßes Straßenkätzchen auf meinem Weg.
Da musste ich einfach stehenbleiben. Jedes Mal.
#MEOW

»Jetzt weiß ich auch, was dein Seelentier ist«, sagte ich fröhlich und streichelte die Katze ebenfalls.

 167

»Hahaha, vielleicht! Schau dir ihre Persönlichkeit an. Sie hat so etwas Ehrwürdiges und im Gegensatz zu Hunden sind Katzen unabhängig. Und was bist du dann?«

»Rate!«

»Eine Schnecke auf jeden Fall nicht! Eher ein Gepard, so schnell wie du den Camino gegangen bist.«

Wir lachten. »Fast – ich bin ein Panther, oder? Mutig, stark und geheimnisvoll.«

»Oh, wirklich? Dabei dachte ich, du wärst so gefährlich wie dieses Katzenbaby.«

Ich knurrte gespielt. »Tja, der Eindruck täuscht. Mit so kleinen Pfoten könnte man niemals den Jakobsweg pilgern. Unterschätz meine Wildheit nicht. Damit kann nicht jeder umgehen.«

»Herausforderung angenommen!«

Dann zeigte er mir noch stolz Fotos von seinem entzückenden Whiskas-Kater Mojo. Natürlich war auch ich ihm sofort ergeben. Dann musste ich an all die anderen lieben Seelentiere denken, die mich auf dem Weg begleitet hatten: der Delfin Vida, der Adler Peer, der Elefant Justus. Das Leben ist kein Ponyhof, sondern ein bunter Zoo.

An der Abfahrtsstelle wollte Ladi mich unbedingt überreden, mit ihm zu fahren. Ich war kurz davor, Ja zu sagen. Keine Ahnung, warum ich es nicht gemacht habe. Wegen des Rückflugs? Wegen Justus, mit dem ich zurückmusste? Wegen Peer?

Meinetwegen? Zum Abschied umarmten wir uns innig und er küsste mich auf meine rechte Wange. Das ergriff mich und spätestens in dem Moment wusste ich, dass ich ihn wiedersehen würde, weil wir es beide wollten. Deswegen fiel der Abschied letztendlich nicht ganz so schwer.

Beschwingt lief ich zurück zur Kathedrale, weil ich um zwölf Uhr noch einmal in die Pilgermesse wollte. Doch meine Gedanken waren woanders und durch meinen Platz ziemlich weit hinten bekam ich auch nicht viel mit. Ich dachte an Ladi, der mir direkt geschrieben hatte, dass er mich schon vermisste. Und an all die Menschen, die ich auf dem Camino treffen durfte.

Anschließend traf ich noch meine Lieblings-Vida. Die letzten Stunden mit ihr waren noch so wichtig. Sie schenkte mir einen Schmuckanhänger in Flügelform, denn wir waren zusammen geflogen. Er sollte mich an sie erinnern und daran, wie befreiend der Jakobsweg war. Ich freute mich sehr über das Andenken. Im Gegenzug gab ich ihr eine besonders schöne Muschel aus Finisterre mit.

Außerdem hatte sie Santiago-Tarta (auch Wolkenkuchen genannt – wirklich himmlisch) besorgt, die wir beide so liebten. Wir saßen noch länger zusammen auf den Straßen von Santiago und schwelgten in Erinnerungen. Immerhin waren wir beide uns gegenseitig längste und beste Weggefährtinnen gewesen. Ich hoffte, das würden wir immer bleiben. Der Camino hört nie auf!

Zum Abschied sagten wir »Auf Wiedersehen« und wollten zuversichtlich bleiben. Gegen vierzehn Uhr trennten wir uns mit tausend Luftküssen und lachten, bis wir uns nicht mehr sehen konnten. Ich ging links zum Praza de Galicia, um Justus zu treffen. Zusammen fuhren wir nach Lavacolla, in der Nähe des Flughafens, wo wir übernachteten.

Etwas kaputt und müde kamen wir in der Unterkunft an und wollten online in unseren Flug einchecken. Damit startete das ganze Chaos unserer Rückreise. Beim Online-Check-in musste ich feststellen, dass wir zwar eine Reservierung, aber keine Buchung hatten, da wir die Reservierung noch hätten bestätigen müssen. Ich bekam Panik: »Oh, verdammt, wir haben kein Ticket zurück! Was machen wir denn jetzt?!«

Justus schaute mich zuerst ungläubig an, dann schmunzelte er ruhig: »Da kann man nichts machen. Wir sind so weit gekommen und haben den Camino geschafft, da werden wir es irgendwie auch zurückschaffen. Ist das nicht fast schon Ironie des Schicksals? Zur Not wandern wir zurück.«

Mir war aber nicht nach Scherzen zumute und ich entschuldigte mich: »Justus, es tut mir so leid, dass ich das verplant habe.« Daraufhin legte er eine Hand auf meine Schulter und schlug vor, Alternativpläne zu googeln.

Schließlich fanden wir einen Zug von Santiago nach Madrid, dann einen Flieger von Madrid nach Lissabon und von dort nach Hamburg. Was für ein Stress! Ich bekam Kopfschmerzen, duschte und dann stärkten Justus und ich uns mit Eistee und Croissants. Es war nach dem ersten Schreck grenzwertig erträglich. Ich war schließlich froh, das Chaos nicht allein durchstehen zu müssen.

Wir hatten ebenfalls ein letztes Pilgermenü, dieses einzige Mal ohne Wein. Bald gingen wir schlafen und es war mir egal, ob ich schnarchte. Wir waren Freunde.

Am Montag setzten sich die Komplikationen leider fort. Eigentlich wollten wir um fünf Uhr aufstehen und den Shuttle um sechs Uhr nehmen. Ich konnte allerdings schon um vier Uhr nicht mehr schlafen und das Warten auf das Ende der Nacht war frustrierend. Dann gingen wir wie geplant los. Draußen war es noch kühl.

An der Bushaltestelle warteten wir. Warteten und warteten mehr. Um viertel vor sieben beschlossen wir, dass wohl kein Shuttle kommen würde und wir einfach eins der vielen Taxis anhalten müssten. Gesagt, getan. Die nächste Katastrophe fanden wir am Bahnhof. Der Zug nach Madrid war überfüllt. Den nächsten um zwölf Uhr könnten wir buchen, aber das war zu spät für uns. Oder eben eine lange Busfahrt. Entsetzt schauten wir uns an. Auch in Justus' Blick lag nun leichte Panik.

Da kam mir die rettende Idee: »Wir könnten mit einem Shuttle zum Flughafen fahren und von dort nach Madrid oder wohin auch immer fliegen.«

Der Shuttle kam dieses Mal und war selbstredend auch voll, wir waren die Letzten, die noch reingequetscht wurden. Das war knapp – Glück gehabt! Dabei wussten wir nicht, ob wir es weiter schaffen würden.

Am Flughafen gingen wir direkt zum Iberia-Schalter. Der Flug über Madrid nach Hamburg um neun Uhr war schon voll, aber den um zwölf Uhr könnten wir für dreihundertfünfzig Euro pro Person haben. Das war für uns Studenten sehr viel Geld. So viel wie zwei Monatsmieten in unserem Wohnheim. Oder ein Monat in den spanischen Alberguen. Auf der anderen Seite musste ich unbedingt zu meiner Familie, denn sie wartete und sie zu enttäuschen, konnte ich nicht übers Herz bringen. Also kauften wir die Tickets. Das war ärgerlich, doch letzten Endes war es auch nur Geld. So viel Schlimmeres hätte passieren können. Immerhin waren wir gesund.

Als wir unser Gepäck aufgaben, kam der nächste Schock: Wir hatten keinen Sitzplatz bekommen, sondern waren überbucht worden und mussten beim Boarding warten, bis alle im Flugzeug waren. Wieder schien mir meine Rückkehr nicht gewollt. Der Camino wollte mich nicht loslassen. Oder ich ihn nicht.

 172

Justus war ebenfalls angespannt, auch wenn er es zu überspielen versuchte. Wieder mussten wir warten. Viele Leute stiegen ein. Doch wir auch! Die Pyrenäen fielen mir vom Herzen.

Wir flogen also von Santiago nach Madrid und ich schlief etwas. Beim Landen hatten wir natürlich heftige Turbulenzen. Dann mussten wir in Madrid rennen, das Gate finden, einen neuen Sicherheitscheck absolvieren (es waren zwei verschiedene Buchungen gewesen), zu einem anderen Terminal fahren und gerade so schafften wir alles, da hatte unser Flug nach Lissabon Verspätung. Ich sah schon Schwarz für unseren Anschlussflug nach Hamburg, doch zum Glück spielte uns die Zeitverschiebung in die Karten. Tatsächlich schafften wir es, in zwanzig Minuten nach Lissabon und von dort dreieinhalb Stunden nach Hamburg, wo wir ebenfalls mit Verspätung ankamen.

Justus' Eltern holten uns vom Flughafen ab und brachten mich zu einem vereinbarten Treffpunkt mit meiner Familie, weil ich nicht zurück nach Kiel, sondern in meine Heimatstadt wollte. Meine Eltern und mein kleiner Bruder warteten auf einem verlassenen Parkplatz, auf dem wir erst weit nach Mitternacht ankamen. Ich war unendlich froh, sie wiederzusehen, und konnte es kaum glauben, dass wir nach dieser Odyssee nun endlich fast wieder zu Hause waren.

Ladi schrieb mir auf der Autofahrt über das beste Gefühl für ihn auf dem Camino: *Ich hatte das überhaupt nicht erwartet. Es war der Moment, in dem du dich in meine Arme vor der Kathedrale in Santiago geworfen hast. Ich war überrascht von der Zuneigung, die ich schon länger nicht bekommen hatte. Und dann von dir! Das hat mich überglücklich gemacht.*

Mein Herz schlug allein beim Lesen und Erinnern höher.

Ich duschte mitten in der Nacht und aß eine neue Rekordmenge deutsches Brot. Bis um drei Uhr morgens erzählte ich meiner Mutter noch mehr von all meinen Abenteuern und dann war es wirklich Zeit für MEIN EIGENES Bett.

Am nächsten Tag besuchte ich meine Großeltern und erzählte noch einmal meine Camino-Geschichte. Es war rührend, wie sehr sie sich darüber freuten, dass ich wieder zurück war.

Trotzdem schien mir alles merkwürdig, als hätte sich etwas verändert oder als hätte ich mich verändert. Ich fühlte mich wie ein Alien in meiner eigenen Welt. Das war schwer zu beschreiben. Selbst vertraute Sachen wirkten komisch, so als würde ich sie zum ersten Mal tun. Jenes eigenartige Gefühl dauerte noch eine ganze Weile an und ich vermisste den Camino mehr, als ich gedacht hatte. Tatsächlich fehlte mir die Gemeinschaft der Pilgernden, das tägliche Wandern und der damit verbundene Tagesrhythmus, der einfache und reduzierte Lebensstil, die Ruhe und Unabhängigkeit. Dafür aß ich nun viel zu viel, vor allem Nutella, und versuchte, mein Leben wortwörtlich aufzuräumen.

An einem der folgenden Tage überraschte Vida mich mit einem Videoanruf inklusive Sonnenuntergang aus Finisterre, um diesen besonderen Moment mit mir zu teilen. Eine Inspiration für einen Neuanfang und sie erinnerte mich optimistisch: »Das Leben ist ein Camino. Lass uns versuchen, so zu leben, als wären wir noch auf dem gleichen Weg.«

 175

Epilog

Einer der beiden Riesenpandas im Berliner Zoo.
Sie sind deutschlandweit die einzigen Riesenpandas.
#FIRSTDATE

Der Anruf aus Finisterre war leider das letzte Mal, dass ich von Vida hörte. Ich schrieb ihr im Camino-Blues, zum Geburtstag und als sie den Tod ihres Vaters auf Facebook postete, doch nie bekam ich eine Antwort. Egal welches soziale Netzwerk ich nutzte, sie meldete sich nicht mehr. Das machte mich traurig. Peer rief ich ebenfalls zu seinem Geburtstag an und wir unterhielten uns kurz, aber herzlich. Manchmal frage ich mich

 177

immer noch, wie es ihm wohl nach all den Jahren geht. Ob er sein Glück gefunden hat? Doch dann erinnere ich mich, dass einige Menschen und Erinnerungen nur auf den Camino gehören und dort für immer bleiben.

Anders ergab es sich mit Ladi.

Es war ein kalter, grauer Novembertag 2018 etwa einen Monat nach meinem Camino-Abenteuer, als ich aus dem Bus in Berlin stieg. Ladi und ich hatten uns dort verabredet. Er war schon vor mir in Berlin angekommen und wartete auf mich. Ich konnte im Bus kaum stillsitzen, weil ich unbedingt schneller da sein wollte. Dann war es so weit! Zur Begrüßung hüpfte ich wieder in seine Arme. Er hatte mir sogar Blumen mitgebracht. Dieses Mal nahm ich gleich seine Hand und wollte sie nicht mehr loslassen.

Wir hatten in den Wochen davor Tag und Nacht unzählige Nachrichten, Bilder und Gedanken ausgetauscht und waren beide aufgeregt und verliebt, auch wenn es für mich manchmal schwer war, mir das einzugestehen. Allerdings schlug mein Herz höher, wenn wir lange telefonierten, oder ich kontrollierte oft mein Handy, nur, weil ich eine Nachricht von ihm lesen wollte. Wir veranstalteten sogar einen Wettbewerb, wer wen mehr vermissen würde, bis Ladi folgenden Kompromiss fand: *Ich lasse dich aus Prinzip gewinnen, weil du süß bist, aber wir wissen beide, dass ich dich am meisten vermisse.*

 178

Nachdem wir in unser Hostel (mit getrennten Zimmern) eingecheckt hatten, besuchten wir den Berliner Zoo. Es war magisch, mit ihm zusammen zu sein, und ich wollte lieber ihn ansehen als die niedlichen Tiere. In einem begehbaren Vogelgehege mit Meeresthema saßen wir trotz der Kälte lange in einem Strandkorb und endlich küsste er mich. In dem Moment besiegte die übersprudelnde Liebe all meine Zweifel und Ängste. OMNIA VINCIT AMOR. Nichts war wie zuvor.

In diesem magischen Moment wusste ich noch nicht, dass ich eineinhalb Jahre später zu ihm nach Prag ziehen, dass wir zusammen ein Weinfeld anlegen und dass wir wirklich eines Tages heiraten würden. Ich wusste nichts von meiner Zukunft und das war genau richtig in jenem Augenblick. Der Camino hatte mir gezeigt, dass es immer weitergeht und die schönsten Momente noch vor uns liegen.

Der epische Sonnenuntergang über dem Meer von den
Klippen bei Finisterre.
#ENDOFTHEWORLD

Danksagungen

Der Weg zu meinem ersten veröffentlichten Buch war letztendlich viel länger als erwartet. Zeitlich und inhaltlich gab es immer mehr zu tun (wie es oft im Leben ist) und umso glücklicher bin ich, dass du das Ergebnis in den Händen hältst. Dafür danke ich besonders dem Kopfreisen-Verlag: Romy für das ausführliche Lektorat und Tobias Christian für die professionelle Betreuung unseres Projekts. Ich schätze auch die fantastische Arbeit unserer Covergestalterin und Buchsetzerin Stefanie Scheurich.

Auf dem Camino habe ich viele wunderbare Menschen getroffen und verneige mich vor jedem Pilgernden. Vielen Dank dem großartigen Hape Kerkeling, dessen Buch und Film mich ermutigt haben, den Camino tatsächlich zu gehen. Doch das war erst der Anfang für mich. Zwischen all den unvergesslichen Erinnerungen konnte ich danach ein wichtiges Puzzleteil meines Caminos mit nach Hause nehmen: Deswegen freue ich mich jeden Tag über meinen Ehemann Ladi.

Ganz besonders danke ich meiner Familie, die mich immer und aus allen Kräften unterstützt, meine

Träume zu verfolgen. Ebenso bin ich unendlich dankbar für meine FreundInnen, die mich in guten und schlechten Zeiten begleiten (selbst über hunderte Kilometer und Ländergrenzen hinweg). Ein herzliches Dankeschön geht auch an meine lieben KollegInnen in meinem Traumjob und allen inspirierenden LehrerInnen. Und einfach an alle, die Teil meiner Reise sind oder waren.

Last but not least, DANKE all denjenigen, die dieses Buch lesen und sich von meiner Reise inspirieren lassen. Ihr seid die Fortsetzung meines Caminos.

In tiefer Dankbarkeit
Dorina
Prag, Oktober 2023

 182

Wissenswertes über den Camino Frances

Die vier zu durchquerenden Regionen und ihre Höhenprofile

Insgesamt 11.000m Höhenunterschied
zwischen Start und Ziel

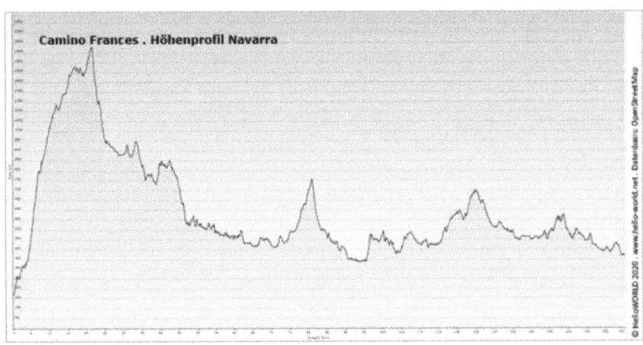

Saint-Jean-Pied-de-Port – Logrono
Distanz ca. 160km, Anstieg: ca. 4.600m, Abstieg: ca. 4.400m

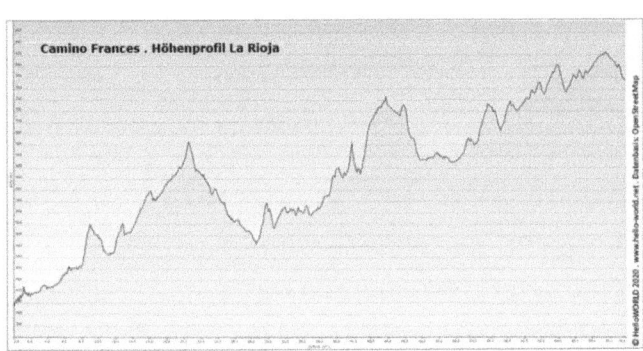

Logrono – Belorado
Distanz ca. 70km, Anstieg: ca. 1.400m, Abstieg: ca. 1.250m

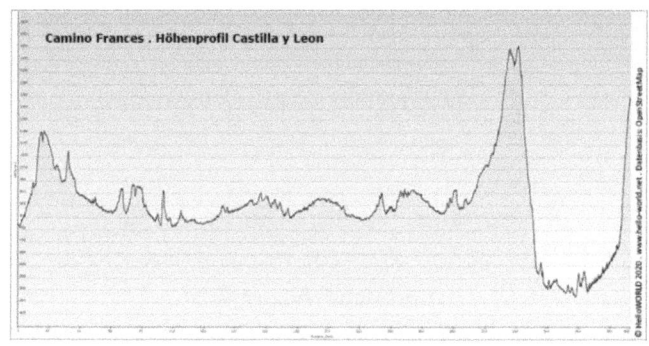

Belorado – O Cebreiro
Distanz ca. 390km, Anstieg: ca. 5.900m, Abstieg: ca. 5.400m

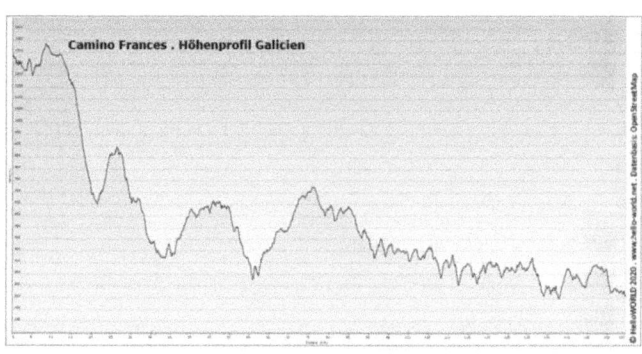

O Cebreiro – Santiago de Compostela
Distanz ca. 160km, Anstieg: ca. 3.400m, Abstieg: ca. 4.450m

Quelle: https://www.hello-world.net/camino-frances/

 185

Kopfreisen Verlag – Der Verlag für Komfortzonenverlasser, Perspektivwechsler und Kopfreisende.

Die Reise im Kopf beginnt immer dann, wenn du dir darüber bewusst wirst, dass du dein Leben selbst gestalten kannst, deine Komfortzone verlassen und eine neue Perspektive eingenommen hast.

Unsere Autorinnen und Autoren sind Mutmacher und Problemlöser. Sie wollen dich inspirieren, motivieren und einen Impuls geben. Sie sind Experten oder verarbeiten eine eigene Geschichte, geben Tipps und regen dich an, deine Perspektive zu verändern, Denkmuster zu hinterfragen und aus dem Gewohnten auszubrechen.

In jedem Fall wollen unsere Autorinnen und Autoren unterhaltsam erzählen. Nie mit dem erhobenen Zeigefinger, sondern immer mit Verständnis, Einfühlungsvermögen und Empathie. Durch ihre eigene oder ausgedachte Geschichte.

 186

**Wir verlegen Unterhaltungsliteratur
mit einer bedeutsamen Botschaft – als Roman
oder Sachbuch.**

Besuch uns unter:
kopfreisen-verlag.de

 187

Auch im Kopfreisen Verlag erschienen / Unsere Leseempfehlung

Gelegenheiten – Roman über den Mut seine Träume zu leben

Romy Schneider / 280 Seiten

Über diesen Roman

Gelegenheiten, unser Leben neu zu gestalten, gibt es jeden Tag. Doch meistens fehlt uns dafür der Mut.

Karlas Leben scheint perfekt: Penthousewohnung in Berlin, langjährige Beziehung, Karriere, Reisen, gesellschaftliches Ansehen. Doch all das fühlt sich für Karla schon lange nicht mehr richtig an. Sie verlässt deshalb ihr Leben in Berlin und will endlich ihren Traum angehen: Schriftstellerin werden. Sie zieht es in die Provence, um dort einen Roman zu schreiben. Seit Jahren schon hat sie ihn als Idee in der Schublade liegen. Doch ein altes Leben verlassen und ein neues beginnen, ist schwieriger, als sie ahnt. Hin- und hergerissen zwischen Mut, Zweifeln und den eigenen Träumen versucht sie, die zu werden, die sie einmal sein wollte.

 188

Als Rangerin im Politik-Dschungel: Wie ich in der afrikanischen Wildnis die deutsche Politik verstehen lernte

Maria Henk / 190 Seiten

Über dieses Buch

»Der warme Fahrtwind weht mir ins Gesicht, ich atme tief ein – das ist der Inbegriff von Freiheit. Adieu, Berliner Korsett!«

Maria ist Mitte dreißig und arbeitet seit Ewigkeiten in der Politik. Sie hat mehrere Wahlkämpfe mitgerockt, unzählige Politikerinterviews begleitet und so manche Krisenkommunikation gewuppt. Doch von der anfänglichen Euphorie im Job ist nichts mehr zu spüren. Das Kribbeln im Bauch ist einer abgeklärten Routine gewichen. Kaum ein Shitstorm kann sie mehr aus der Ruhe bringen. Sie beschließt, eine Auszeit zu nehmen, und beginnt eine Rangerausbildung in Botswana. Echte Wildnis statt Politik-Dschungel. Elefantentrompeten statt Politikerreden. Lagerfeuerabende statt Talkshowbesuche. Doch schnell erkennt sie: Politik-Dschungel und afrikanische Wildnis haben mehr gemeinsam, als sie je geahnt hätte …

20 Impulse, um deine Komfortzone zu verlassen – Journal für neue Perspektiven

Romy Schneider / 128 Seiten

Über dieses Journal

Dieses Journal schafft dir Freiraum für deine Notizen, Gedanken und Ideen. Und zwischendurch gibt es dir kleine Impulse, deinen Blickwinkel zu ändern, deine Perspektive neu auszurichten oder deine bisherigen Sichtweisen einfach nur zu überdenken.

Diese Impulse sind für dich, wenn dein Alltag zur Routine geworden ist und diese Routine deinen Alltag bestimmt. Wenn du dein Leben eigentlich ganz schön findest, es aber vielleicht mal wieder einen neuen Anstrich gebrauchen könnte. Jeder dieser Impulse stößt dich an, deine Komfortzone ein kleines Stück zu verlassen und neuen Schwung in dein Leben zu bringen.

Wenn du magst, schreibe anschließend jeweils auf, wie es für dich war: Was hat dich vielleicht zunächst gehindert? Wie hast du dich hinterher gefühlt? Hast du dabei etwas über dich gelernt?

Ich wünsche dir viel Spaß mit diesem Journal und beim Entdecken neuer Möglichkeiten!

 190